- 福建省社科研究基地重大项目（FJ2022JDZ040）
- 福建省科技创新战略研究联合项目（2022R0140）
- 厦门市人文社科基地调研重点课题资助项目（厦社科研〔2024〕B26号）

区域创新的驱动机制与空间效应

THE DRIVING MECHANISM AND SPATIAL EFFECTS OF REGIONAL INNOVATION

施晓丽◎著

经济管理出版社
ECONOMY & MANAGEMENT PUBLISHING HOUSE

图书在版编目（CIP）数据

区域创新的驱动机制与空间效应/施晓丽著 . —北京：经济管理出版社，2024.4
ISBN 978-7-5096-9673-6

Ⅰ.①区…　Ⅱ.①施…　Ⅲ.①区域经济—国家创新系统—研究—中国　Ⅳ.①F127

中国国家版本馆 CIP 数据核字（2024）第 080022 号

组稿编辑：申桂萍
责任编辑：申桂萍
助理编辑：张　艺
责任印制：黄章平
责任校对：陈　颖

出版发行：经济管理出版社
　　　　　（北京市海淀区北蜂窝 8 号中雅大厦 A 座 11 层　100038）
网　　址：www. E-mp. com. cn
电　　话：（010）51915602
印　　刷：北京晨旭印刷厂
经　　销：新华书店
开　　本：720mm×1000mm/16
印　　张：12. 25
字　　数：180 千字
版　　次：2024 年 4 月第 1 版　　2024 年 4 月第 1 次印刷
书　　号：ISBN 978-7-5096-9673-6
定　　价：78. 00 元

前　言

　　创新已成为推动我国经济转型升级和可持续增长的关键，区域创新刻不容缓。通过创新驱动区域经济发展，并带动周边地区协同进步，最终实现全国范围内经济的高质量发展是新时期的战略选择。已有文献对区域创新的驱动机制、空间效应以及政策的选择进行了研究与尝试，然而研究更多地注重实证检验与分析，由于研究的方法、角度的差异，即使在实证检验中，对局部问题的分析上，可能会得到截然不同的结论，由此引发了很多的思考。本书试图对以下几个问题做出研究尝试：相邻区域的创新是否存在内在的空间相关性？我国不同区域多元主体互动对区域创新的影响路径有何不同？区域创新的驱动机制如何表现？为实现区域创新的发展，应制定怎样的政策？

　　本书主要分为八章，依次为：

　　第1章，导论。概述研究的目的、方法、技术路线与内容安排以及创新与不足等。

　　第2章，驱动机制的研究回顾及理论框架。分别从要素集聚与区域创新、贸易开放与区域创新、创新环境建设与区域创新、产业集聚与区域创新、知识溢出与区域创新以及国家创新能力分析框架六个方面展开文献的回顾与梳理，并提出本书的理论框架。

第3章，我国区域创新的发展现状分析。从区域创新的产出总体现状、空间分布、空间相关性以及区域创新网络的互动关联等方面展开分析，并通过因子分析法和熵值法对我国各区域的创新环境建设现状进行评价。

第4章，我国区域创新的空间效应分析。对要素流动、产业转移、创新要素流动（知识流动）进行测度并得出结论，在分析区域创新时，需将空间效应纳入考察范畴。

第5章，多元主体对区域创新的作用分析。在回顾区域创新作用主体研究的文献的基础上，分析了政、产、学、研四个主体对区域创新的影响，并结合模糊集定性比较分析法对区域创新主体的协同创新路径展开探讨与研究。

第6章，驱动机制与区域创新的实证研究。通过构建空间计量模型，实证检验要素集聚、贸易开放、创新环境建设、产业集聚以及知识溢出五种因素对区域创新的影响。

第7章，区域创新发展的案例研究。选取长江经济带和福建省展开案例分析，进一步探讨产业集聚与区域创新的关联以及科技服务业对区域创新发展的短板效应。

第8章，推进我国区域创新的政策建议。在阐释区域创新政策的概念及内涵的基础上，探讨日本、美国、欧盟的区域创新发展及政策，并结合区域创新政策的国际经验，从创新投入多样化、创新环境完备化、创新成果市场化和创新空间互动化四个方面提出推进我国区域创新的政策建议。

本书的创新主要表现为以下三点：

第一，研究视角的创新。本书主要关注区域创新的有效驱动机制如何实现区域创新发展，除了涉及区域创新的空间效应，还从政府、企业、高校及科研单位四个影响区域创新的主要经济主体的视角对不同区域的创新路径开展阐释。第二，研究方法的创新。本书在既有研究的基础上，建立起要素集聚、贸易开放、创新环境建设、产业集聚以及知识溢出等对区域创新的分析框架；本书注重量化与可视化，以使研究结果更加清晰，易于理解与讨论。第三，学术观点的创新。通过研究提出合理的区域创新空间格局的重要意义；提出应从政、产、学、研四个主体多元驱动促进区域创新；从传统的单区域资源与投资的创新投入转向注重创新投入多样化、创新环境完备化、创新成果市场化及创新空间互动化等。

目　录

1 导论

1.1 研究问题

创新在经济发展中所发挥的作用日益突出，创新驱动发展已成为我国经济持续、高质量发展的国家战略。自党的十七大报告首次提出"提高自主创新能力，建设创新型国家"以来，我国的区域创新发展战略在不断地得到落实与实践，总体的创新能力得到了较大的提升。世界知识产权组织、美国康奈尔大学和欧洲工商管理学院等机构联合发布的全球创新指数（Global Innovation Index，GII），世界经济论坛发布的全球竞争力指数（Global Competitiveness Index，GCI），以及多伦多大学马丁繁荣研究所发布的全球创造力指数（Global Creativity Index，GCI）的相关排名，均反映了我国的国家创新能力在逐年提升（中国科技发展战略研究小组和中国科学院大学中国创新创业管理研究中心，2019）。虽然我国的国家创新能力不断提高，但一个不可回避的现实是，我国经济发展模式仍然处于"生产要素驱动""投资规模驱动"双头并进的阶段。国家统计局相关负责人解读 2019 年主要经济数据时表示，2019 年，我国资本形成对经济增长的贡献率高达 31.2%，创新驱动所占的比例相对偏小。一方面国家迫切希望进入"创新驱动"的发展模式；另一方面我国的区域创新体系建设仍不尽如人意，创新网络的互动关联较为薄弱，全面推动创新驱动发展仍任重而道远。创新是推动我国经济转型升级和持续增长的关键，区域创新刻不容缓，通过创新驱动区域经济发展，并带动周边地区协同进步，最终实现全国范围内经济的高质量发展是新时期的战略选择。因此，本书立足我国区域创新发展的现实，分析其空间效应，探讨要素集聚、贸易开放、创新环境建设、产业集聚以及知识溢出五种因素对区域创新的影响，结合实证分析与案例研究、国际经验借鉴等提出促进我国区域创新的政策建议。

1.2 研究目的

本书的研究对象为区域创新，一方面，沿着区域创新理论的研究路径，进一步探讨区域创新的驱动机制，注重要素集聚、贸易开放的驱动影响，同时对创新环境建设、产业集聚以及知识溢出对区域创新的关联作用等展开分析；另一方面，当前我国已形成较为完善的交通与通信基础设施网络，区域间的往来更加密切，区域创新的驱动不仅是单个区域的努力，还将受到周边区域创新的作用，因此设计区域创新政策时应考虑空间效应的影响，以空间互动来实现区域创新能力的协同提升。

1.3　研究方法

本书将综合使用区域经济学、产业经济学、计量经济学等学科的相关知识，采用文献综述、空间探索分析、社会科学统计与空间计量分析、案例分析等方法，以期实现理论分析与数量分析相结合、实证分析与规范分析相结合。

1.3.1　文献综述法

区域创新问题研究涉及的学科众多，包括区域经济学、产业经济学、管理学、宏观经济学、计量经济学等。本书将在各学科、各领域研究成果的基础上，利用 NoteExpress 等文献管理软件建立相关文献库，并对这些文献进行归纳、梳理与总结，为建立研究的分析框架奠定基础。

1.3.2　空间探索分析法

区域创新存在明显的空间异质性与空间效应，因此，在研究区域创新的现状、区域创新环境的评价、要素转移、产业转移等内容时，运用空间探索分析法，对区域创新的空间分布与空间效应展开分析，并利用 GeoDa 等软件实现对研究结果的可视化，更加利于结果的呈现与分析。

1.3.3　社会科学统计与空间计量分析法

本书一方面要对区域创新的发展现状进行评价和分析，另一方面要对各种驱动机制对区域创新的影响进行实证检验，因此在研究中需要运用社会科学统计的一些方法与工具，在实证研究方面将空间效应纳入分析，借助空间计量的相关分析方法，通过构建与筛选恰当的空间计量模型，对区域创新的驱动机制的影响进行检验。

1.3.4 案例分析法

区域创新发展具有明显的区域性特征，本书将选择不同空间单元，如经济带、地级市等展开案例分析，探讨不同的空间单元层面的区域创新发展成就。此外，其他国家与地区（如日本、美国以及欧盟）在区域创新方面具有较多的实践经验，因此在政策的设计方面，对日本、美国以及欧盟等区域展开案例分析，探讨其区域创新的发展历程及政策演变，总结其优势与不足，在此基础上，提出推进我国区域创新的政策建议。

1.4 技术路线与内容安排

如图1-1所示，本书主要分为现实分析、驱动机制理论分析、空间效应分析、多元主体参与分析、实证分析与政策选择等模块。

现实分析，主要分析我国创新发展的现状、区域创新网络的互动关联和区域创新环境建设的评价分析等；驱动机制理论分析，在文献回顾的基础上，构建要素集聚、贸易开放、创新环境建设、产业集聚、知识溢出等区域创新驱动机制的分析框架；空间效应分析，主要从区域创新的空间互动入手，分别探讨要素流动、产业转移和知识流动等带来的区域创新的空间关联性；多元主体参与分析，主要研究政府机构、企业、高等学校、科研机构等政、产、学、研多元互动对区域创新作用的异质性路径；实证分析，将区域创新的空间效应纳入分析范围，建立空间计量模型，实证检验五种驱动机制对区域创新的影响；政策选择，基于长江经济带和福建省区域创新的实例，以及国际区域创新政策的经验借鉴，提出促进我国区域创新的政策建议。

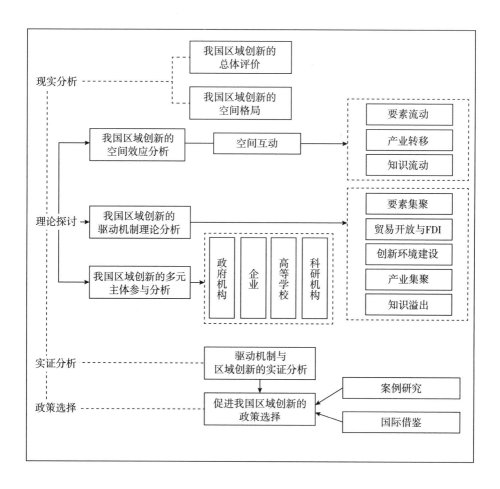

图 1-1 技术路线

1.5 创新与不足

1.5.1 主要的创新点

第一，研究视角的创新。本书主要关注区域创新的驱动机制如何推动区域创新发展，除了涉及区域创新的空间效应，还从政府机构、企业、高等学校及科研机构四个影响区域创新经济主体的视角对不同区域的创新路径开展阐释。

第二，研究方法的创新。本书在既有研究的基础上，构建了要素集聚、贸易开放、创新环境建设、产业集聚以及知识溢出等对区域创新影响的分析框架；研究中注重量化与可视化，使相关研究结果更加清晰，易于理解与讨论。具体而言，利用空间统计与分析方法，对区域创新的空间格局与空间效应进行分析，运用计量分析软件估计实证检验结果。

第三，学术观点的创新。本书提出促进区域创新，应从政、产、学、研四主体多元驱动推进；从传统的单区域资源与投资转向创新投入多样化、创新环境完备化、创新成果市场化及创新空间互动化等。

1.5.2 存在的不足

受到已有理论、数据不足等的影响，加之研究所包含的内容体系复杂以及研究团队研究能力的限制，导致本书仍存在较多尚未很好解决的问题与不足，有待未来开展进一步的研究。

第一，本书涉及区域创新的现状分析，由于中华人民共和国科学技术部

（以下简称"科技部"）建立了庞大的指标体系与开展了广泛的数据调查，发布了《中国区域创新能力监测报告》，以及中国科技发展战略研究小组每年推出的《中国区域创新能力评价报告》等，对我国的区域创新发展做了较为全面的分析，而本书对区域创新的总体评价选用了学术界相对认可、较为单一的专利数据等指标来做出基本评价，即使在评价区域创新环境、福建省的区域创新时建立了指标体系，以及最终的评价结果与上述两个报告的差别不大，但是与科技部和中国科技发展战略研究小组的研究成果相比，仍然显得颇为不足。

第二，本书在围绕区域创新的驱动机制、空间效应与政策选择等展开研究的过程中，对驱动机制的分析主要基于文献研究做出的归纳总结，由于要素流动、产业转移以及知识溢出等因素导致空间互动不断强化，使区域创新的空间效应变得愈加复杂，本书从现实出发，对空间效应进行了研究尝试，然而仍显不足，尤其是与驱动机制的衔接相对薄弱，仅仅表现在要素流动导致要素集聚、产业转移导致产业集聚、知识流动导致溢出等方面。

第三，本书对截面数据、面板数据等运用社会科学统计的方法、计量经济学的方法进行了一些实证分析，由于涉及变量较多，实证过程有待进一步优化，实证估计的结果有待进一步完善。如一些关键因素的指标选取是否科学、合理，数据处理是否严谨，选用的方法是否得当，还需要进一步思考。随着计量方法的逐步推新与完善，实证分析方面仍需不断改进，以期为现实的状况提供更强的解释力。

第四，由于数据的可得性、个别指标统计口径的变动、《国民经济行业分类》标准的多次修订，为保证数据的相对一致性与可比性，本书的研究时间是 2006～2016 年，相对较短，样本量较少，因此实证研究结果可能会产生部分误差，这方面有待通过拓展数据的时间长度，以更好地达到面板数据的要求，进一步提高研究结论的准确性。此外，个别地级市的创新数据及其他数据等有较多的缺失,在现有条件下以地级市为空间单元进行研究存在较大的难度,需要剔除较多的数据,因此本书以省份为主要的研究空间单元,随着统计覆盖面的扩大与直报统计制度的完善,这个问题在将来可以得到较好的解决。

2 驱动机制的研究回顾及理论框架

区域创新的发展是多种力量综合推动的结果，其中要素集聚、贸易开放、创新环境建设、产业集聚以及知识溢出等对其的影响尤为突出。

2.1 要素集聚与区域创新

要素集聚是生产要素流动，并在空间上实现动态、优化配置的体现（张月玲等，2016）。要素在空间上流动并形成空间集聚，必须依托生产要素这一重要载体。集聚表现为在特定空间上的集中分布，是区域空间块状经济形成的关键原因之一。要素与空间集聚的关系可以认为：集聚形成的第一阶段与要素在空间上实现优化配置紧密相关，伴随要素集聚获得更大的外部经济，进入集聚的强化阶段（郝大江和张荣，2018）。

创新要素与传统的生产要素存在一定的区别，其具备更强的流动性、知识溢出性和集聚产生的规模效应，因此成为促进区域创新发展的核心要素。创新要素流动是创新要素集聚的重要前提；知识的溢出特性源于知识的外部性特征，是吸引创新要素集聚和促进创新产出的重要原因；而集聚产生的规模效应是降低研发成本、提高创新效率和实现区域整体创新水平提升的重要保障。

通常情况下，要素集聚可以通过共享机制、匹配机制和学习机制等多种渠道促进知识的溢出扩散，实现创新要素使用效率的提高，进而推动区域创新，其对塑造创新、生产力方面具有重要的作用（Antonietti and Cainelli，2011）。要素集聚的结果之一是形成产业的集聚，其与产业集聚是相互促进、相互强化的关系，因此无论是产业内集聚还是产业间集聚，由集聚带来的外部经济均会通过不同的渠道较为显著地推动区域创新（彭向和蒋传海，2011）。Baptista 和 Swann（1998）立足集聚的类型角度，认为就专业化集聚与多样化集聚而言，相同产业的专业化集聚对企业创新的影响更加显著，不仅如此，企业集聚过程中生产关联引发的外部性将进一步促进创新。此外，创新要素集聚，以及集聚成员之间或与外界的交流合作是促进创新的重要推动力量（Sultan and Pieter，2017），是促进知识扩散、技术转移，降低合作研发项目风险与成本，以及提升创新效率的重要前提（Zhou et al.，2019）。

从影响创新人员集聚的外因来看，刘和东（2013）认为，国内市场规模是驱动人才流动的动力，由于市场规模存在空间差异，其对不同市场的影响也有所不同。实证结果表明，两者之间存在显著的协整和双向因果关系，市场规模产生的虹吸效应驱动人才流动并进一步在空间上集聚；人才集聚尤其是创新人员集聚产生的引致效应、信息共享、创新和激励效应又会进一步扩大市场需求，进而促区域创新。除了以上效应，创新人员集聚还会显著地促进区域协同创新，其中政府将发挥正向调节作用，通过政府制定的政策开展激励、指引和协调，以缓解创新过度集聚、政策束缚等的限制（刘兵等，2019）。从要素集聚的影响程度来看，吴卫红等（2020）认为，创新要素基本形成多层次集聚空间分布格局，创新要素集聚对创新绩效的影响也因所处的层级不同而有所差异，二者之间存在非线性关系，创新要素集聚度存在一个最优值，在向最优值趋近的过程中，创新绩效会逐渐提升；反之，若超过这个最优值则会因过度集聚导致创新绩效下降。

部分学者从创新资本要素的集聚角度开展研究，如余永泽（2011）从政、产、学、研四个创新主体出发建立实证模型，分别估计创新资本要素集聚对各主体创新的差异化影响，结果表明，相较于高校与科研机构这两个主体，要素集聚对企业产生显著的正向影响，可以通过企业的空间布局优化促进要素集聚，进而促进区域创新。邹文杰（2015）认为，创新人员受到创新资本的引导，故在考虑创新溢出存在空间异质性的基础上，对创新资本要素集聚空间特性及区域创新效率展开分析，结果表明，创新资本集聚与创新效率在空间上均呈不均匀的分布；增加创新资本投入会显著地促进区域创新，若资本过度集聚反而可能导致创新效率降低，即资本集聚与创新效率之间存在倒"U"形关系。因此，应关注并充分发挥资本集聚的空间溢出特性，通过适度的集聚来推动创新，提高资本要素的使用效率。吴卫红等（2018）从高校创新要素集聚的视角研究发现，创新要素的空间集聚通过空间溢出效应促进区域创新效率的提升需要满足一定的前提，只有当集聚达到一定水平时，才能发挥出集聚效应，并且二者不一定是正向促进关系，可能会由于过度集聚导致"拥挤效应"而产生反作用。卓乘风等（2017）也得到了类似的结论，创新要素在不同的创新水平下有着差异化的最优集聚水平，集聚水平与区域创新发展同样呈倒"U"形趋势，只有在集聚水平未超越阈值时，创新要素集聚才会显著地促进区域创新发展。

2.2 贸易开放与区域创新

学术界关于贸易开放对区域创新影响的研究还未达成一致结论，根据现有文献可将贸易开放对区域创新的影响分为三类：正向影响、负向影响和非线性影响。大量的研究表明，贸易开放通过竞争效应、技术及创新思想的扩散与传播等途径会促进创新，即贸易开放对区域创新水平的提高存在正向的促进作用。Grossman 和 Helpman（1990）通过研究发现，与外国先进的技术、经验、知识水平接近可以起到推动本国创新和经济增长的作用，此外，国际贸易中有形商品的贸易往来可以引发无形的技术、经验与知识的交换、扩散。Keller（2002）认为，对外贸易活动给予技术相对落后地区学习、模仿新技术的机会，以此促进创新。刘晓鹏（2001）从进出口贸易角度出发，用计量分析说明了贸易开放对我国创新发展和经济增长具有较大的推动作用。Love 和 Ganotakis（2013）检验了出口贸易对英国中小企业创新绩效的影响，结果表明出口市场的扩大对企业创新规模有正向的作用。Damijan 和 Kostevc（2015）利用西班牙企业的微观数据分析得出，进口贸易对产品的创新速度有显著的推动作用。李平和姜丽（2015）基于我国的省际面板数据，构建模型实证检验了中间品进口对创新的影响。结果表明，贸易自由化程度的加深和进口量的增加将产生显著的逆向技术扩散与外溢，进而提高技术创新水平。钱学锋等（2011）利用中国工业企业的数据，验证了贸易出口能显著促进企业生产率的提高。陈智远（2001）和方希桦等（2004）的研究表明，贸易开放度的提高会通过技术溢出效应显著促进全要素生产率的提高。李苗苗等（2016）也得到了类似的结论，认为对外开放对区域创新具有显著的推动作用，原因在于对外开放使企业间更易于交流，从交流中企业能够获知更多的知识、技术，进行更高效的观察、学习和模仿，从而促进创新。

尽管贸易开放对区域创新的正向影响得到了一定的认可，也有一些学者认为贸易开放会抑制区域创新，原因在于若区域的吸收能力不足，即区域内产业、企业之间的技术、效率存在较大差距，会阻碍贸易开放发挥正向技术、知识溢出效应（陶长琪和齐亚伟，2010），如开放情境下的某地区即使引进最先进的技术、最新的知识，技术鸿沟使本土产业无法顺利开展模仿和吸收，反而导致对技术创新产生负面的影响。Wood（1995）认为，随着贸易开放水平的提高，发展中国家会面临更多的外来资本竞争，更多的企业倾向投资于资本密集型产品，此举并不利于创新效率的提升。张杰和郑文平（2017）通过实证检验发现，进出口产品的比重越高，本土企业创新活动受到的抑制效应就更突出。全球价值链理论表明，随着全球贸易程度加深，各个国家的贸易开放度会显著上升，发达国家为维护自身的贸易地位会人为地设置贸易壁垒、技术管制从而对发展中国家的对应产品出口形成阻力，长此以往不利于发展中国家创新效率的提高。

我国的国土面积辽阔，各区域的发展基础、条件、产业特点与经济结构都存在明显区别，区域经济发展差距仍不同程度存在，因此贸易开放对区域创新的影响会根据区域不同而不同，毛其淋（2010）验证了贸易开放对技术创新的影响呈现从东部地区向西部地区递减的现象。部分学者认为，贸易开放对区域创新的影响是非线性的，如李小平和朱钟棣（2004）认为，进口贸易和出口贸易对技术进步的作用方向相反，初始时进口贸易会促进技术进步，当区域经济发展到更高水平阶段时，进口贸易对技术进步的促进作用会减弱，与之不同的是，出口贸易对技术进步会产生抑制作用，但在区域发展的后期可能转为促进作用；赖永剑（2015）基于面板平滑转换回归模型研究了贸易开放对区域创新的影响，结果表明，随着多个转换变量的大小发生变化，贸易开放对区域创新的弹性系数在不同的区域会发生动态变化。

从已有的研究来看，学者大多关注贸易开放对区域创新的影响，而贸易开放如何对区域创新产生影响的传导机制的研究相对较少，主要集中于以下几个方面：①"门槛效应"机制。刘冠辰等（2021）建立了以收入差距为门槛变量的门槛效应模型，证明了贸易开放对区域创新产出和创新效率分别存在单门槛效应、双门槛效应；李小平和朱钟棣（2004）发现，我国出口贸易对技术溢出存在正向门槛效应，进口贸易对技术溢出存在负向门槛效应；仲伟周和陈晨（2018）通过以人力资本为门限变量的门限回归模型研究发现，贸易开放对区域创新发展的影响有显著的双重门限特征。②"出口引致进口"机制。巫强和刘志彪（2009）通过构建贸易模型来论证"出口引致进口"的发生机制，由于自主创新能力、先进制造技术等均落后于发达国家，我国为弥补"质量和技术差距"而进口国外先进的设备，生产高质量产品以满足外国政府对进口产品的高质量、高标准要求，这一"为出口而进口"的行为解释了我国外贸发展中存在机器设备进口比重高和消费品出口比重高的"双高"现象。③"俘获效应"机制。Gibbon 等（2008）认为，当发展中国家进出口贸易进入更高级阶段时，需要通过提升自主创新能力来升级产品功能，发达国家为了自身利益，会利用各种手段设置壁垒来限制和阻碍发展中国家自主创新能力的提高，将发展中国家"俘获"在创新能力较低的生产装配环节。④"进口中学"机制。Fritsch 和 Görg（2015）利用企业层面数据研究发现，从发达国家进口的中间产品的工艺水平、技术含量和创新知识大多高于东道国的产品，东道国企业可以通过模仿和吸收先进技术，利用技术溢出效应来提高自主研发能力和创新产出，降低企业的创新成本。⑤"出口中学"机制。Greenaway 和 Kneller（2007）认为，发达国家的消费者可能比发展中国家的消费者更重视进口产品的质量、设计工艺和环保特性等，发展中国家企业为了满足国外消费者的偏好，在激烈的国际竞争中获得一席之地，不得不通过加大创新研发投入、改进生产工艺和提高技术标准，对于承接外包的发展中国家还可能获得先进的工艺指导或工人再培训，来实现企业技术创新水平和出口产品质量的不断提升，进而使企业生产率得以提高。

2.3　创新环境建设与区域创新

1985 年，欧洲创新环境研究小组（GREMI）开创性地提出了创新环境这一概念。在对创新环境的研究中，学者对创新环境的定义也在不断发展，Hayward（1991）认为，区域创新环境由利于诱发和促进创新的区域制度、区域规则以及区域内所有的相关实践活动共同构成。Maillat（1998）从企业的角度，将创新环境看作企业外部的技术能力、社会文化环境和劳动力市场环境等非物质社会因素组成的共同体。Tsuja 和 Mariño（2013）认为，区域创新环境是区域创新系统的重要因素之一，决定着创新活动所需的创新资源、人力资本和基础设施等。Bramanti 和 Maggioni（1997）认为，区域创新环境与创新能力之间是相互促进的关系。国内学术界对区域创新环境的研究起步相对较晚，王缉慈（1999）认为，区域创新环境是大学、科研机构、企业与地方政府之间由于创新活动而形成的稳定的系统。盖文启（2002）认为，区域创新环境由对区域经济发展产生影响的、促进创新主体进行创新的静态环境与不断改变创新模式、改进创新机制的动态环境共同构成。

有关区域创新环境对创新产生的影响，则存在较多不同的看法。朱泽钢（2018）认为，完善的创新环境会更加激励政府加大科技资金投入力度，从而提高创新绩效。不同的创新环境因素对区域创新主体产生的影响也存在差异。齐亚伟（2015）认为，创新环境会对企业、高校和科研机构的科技研发活动产生显著影响。区域创新环境除了影响区域创新主体，还会影响邻近区域的创新环境，表明创新环境存在某种空间相关特性。此外，也有学者以区域创新环境的各子环境为切入点，分析市场环境、金融环境以及基础设施等对区域创新发展的影响。例如，叶丹和黄庆华（2017）利用实证分析检验得出除西部地区外，金融环境、市场环境会促进区域创新效率。潘雅茹和罗良文（2019）认为，基础设施投资会显著促进创新效率的提升，两者存在显著的倒"U"形关系，过度投资反而会产生抑制效应，基础设施环境是影响区域创新发展的重要因素之一。

创新环境对邻近区域的空间影响，源于市场化的创新活动具有"趋优"机制。由于政府政策、资金支持或者独特的区位优势而形成的良好创新环境，会吸引创新要素的聚集和空间溢出。白俊红和卞元超（2016）研究表明，创新环境会对政府的R&D资助产生影响，并使其呈现空间自相关性，良好的创新环境会促使创新要素集聚，并迫使周围区域加大研发投入以避免要素流失。兰海霞和赵雪雁（2020）实证分析了我国区域创新环境对区域创新效率的影响，发现创新环境的影响作用存在空间异质性，即影响作用会随区域的变化而改变。

2.4 产业集聚与区域创新

对产业集聚的研究可以追溯至马歇尔（1964）的《经济学原理》，他在这部著作里首次从生产联系角度界定了产业集聚。然而，由于对组织、空间等经济影响要素的忽视，直到20世纪70年代，随着产业集聚现象越来越突出，以及对组织、空间等因素越来越关注，学者陆续从不同的角度对产业集聚展开研究。Porter（1990）在对集聚经济的研究中，从竞争而非生产联系的角度对"产业集聚"的概念进行了界定，认为"产业集聚指在某特定领域中，存在大量的在地理空间上邻近、有交互关联性的企业和相关机构，并以彼此的共同性和互补性相联结",产业集聚是产业获取竞争优势的前提与基础。国内学术界对产业集聚的研究始于2000年后,随着我国各地区产业集聚实践的日益增加才逐步展开,早期主要集中于将国外产业集聚的理论应用于我国东部地区的产业集聚现实问题的分析(仇保兴,1999;王缉慈,2002;沈玉芳和张超,2002),而后转向对产业集聚与区域创新的影响研究等。

从集聚经济及其所产生的外部性视角来看,产业集聚是驱动区域持续创新的关键力量。一般认为,外部性分为"MAR外部性""Jacobs外部性"两种类型。"MAR外部性"强调产业的专业化集聚有利于促进区域创新,企业拥有的市场垄断势力和相关产业的知识溢出可以为其提供源源不断的创新动力;与之不同,"Jacobs外部性"强调产业的多样化集聚将更有利于促进区域创新,主要观点是来自不同产业的企业在空间上的集聚会带来多样化知识,从而更加易于发生溢出,以此促进区域创新发展。我国学者对此进行了较多的实证研究,如张昕和李廉水(2007)以我国医药、电子及通信设备制造业为样本,实证检验了专业化集聚与区域创新的关系;赖永剑(2012)以我国制造业企业的面板数据开展研究结果表明,贸易开放对我国各省份创新能力的影响呈动态非线性特征;程中华和刘军(2015)以我国285个地级市的制造业相关数据,探讨了多样化集聚与区域创新的关系。此外,刘修岩和王璐(2013)利用我国制造业企业的面板数据研究发现,专业化集聚和多样化集聚会共同对区域创新产生影响。

有些学者则认为,产业集聚对区域创新的影响是通过区域创新环境这个中介变量产生的,Adylot(1986)认为企业通常不单独开展创新,企业的创新能力取决于区域环境的历史、集体行为等相关因素,若区域中存在产业集聚,会对企业创新产生类似孵化器或创新中心的作用,从而企业易于进行相互的学习,致使技术、知识的溢出与传播,并通过这种方式实现区域创新的发展(张昕和李廉水,2007)。Storper(1989,1995)认为市场环境不断动态演变,本地化的紧密生产协作网络由于能够降低企业间的交易成本，使企业间更易于开展合作，因此可以推动区域内参与协作的相关企业提高创新能力。Porter（1990）关注了专业化集聚，认为相同产业的企业在狭小的空间中集聚会引发激烈的市场竞争，企业只有通过不断创新来保持较为突出的竞争优势才能在市场竞争中立于不败之地。

学者从不同视角对产业集聚与区域创新的关系展开了研究与探讨，然而并未得到一致的结论。一部分学者认为，在将研发经费和知识存量等因素纳入分析的前提下，产业集聚确实能够对区域创新产生积极的促进作用；另一部分学者认为，产业集聚并未对区域创新产生显著的影响。

有关产业集聚对区域创新起积极推动作用的文献相对较为丰富。周明和李宗植（2008）认为，研发经费投入与人力资源对区域的高技术产业创新起着显著的正向推动作用，产业集聚会产生空间知识溢出效应，对区域创新起正向推动作用并且效果显著。刘军等（2010）以科技人员的投入、科技经费投入以及制度创新为控制变量，考察产业集聚对区域创新的影响，结果显示，产业集聚对区域创新有正向推动作用并且效果显著。Breschi 和 Beaudry（2003）以意大利 17 个制造业行业和英国 15 个制造业行业的数据为样本，研究这些行业的创新情况，认为产业集聚本身不必然导致企业创新，产业集聚推动区域创新需要一定的前提，即只有当企业处于创新企业密集且企业间创新溢出强的产业集聚区时，才会激励该企业的创新。霍春辉和杨锐（2016）以 2006～2013 年省际面板数据为基础，以仪器仪表业和电子产业两个相对典型的高技术产业为对象进行分析。结果显示，在集聚的外部性中，高技术产业的专业化程度越高，它的创新绩效就越好，垂直相关多样性则与其呈反向相关关系并且效应显著。韩坚等（2017）认为，产业集聚对创新产出起显著的正向推动作用并且存在空间溢出效应，但以制造业为主的工业集聚效应对创新产出的影响要大于以高技术产业为主的服务业，主要原因是高技术产业集聚水平不高并且还不成熟，工业产业集聚水平很高并且已经很成熟。曲晨瑶等（2017）实证研究表明，高技术产业聚集对技术创新效率起正向促进作用并且是显著的；对不同区域的分析显示，高技术产业聚集更能推动东部地区的创新发展。强健和梅强（2010）认为，产业集聚与区域创新是相互促进的关系。一方面，创新能够强化产业集聚，通过加速企业间的创新要素流动、推动相关合作制度的完善来促进产业集聚；另一方面，产业集聚能有效推动产业内企业间技术溢出与扩散，并通过竞争效应诱发企业进行持续创新来保证创新的垄断地位。

也有不少学者开展研究，得出了不同的结论，即产业集聚对区域技术创新的影响并不显著。史修松（2008）认为，高技术产业聚集对区域创新效率起着推动作用，但并不明显。吕承超（2016）认为，从产业集聚来看，多样化集聚对中国的高技术产业创新的推动作用比专业化集聚更显著，东部、中部、西部地区和五大高新技术行业的产业集聚外部性对产业创新的影响存在差异。

2.5 知识溢出与区域创新

马歇尔（1964）在《经济学原理》一书中，剖析了产业地方化的三个原因，分别是熟练劳动力市场的共享、非贸易中间投入品的存在与知识溢出。遗憾的是，马歇尔并未对知识溢出的含义进行进一步的阐释。之后，不少学者对知识溢出展开讨论。Jaffe 和 Trajtenberg（1996）认为，知识溢出是指知识创新者和模仿者之间通过交流实现信息交换，从而使模仿者学习掌握知识或获得知识收益，而由于知识的外部性特征，大部分知识创新者所得的补偿低于创新知识本身的价值，甚至没有得到直接的补偿。与技术转移和知识转移不同，知识溢出主要强调知识的无意识传播与扩散（Fallah and Ibrahim，2004）。Arrow（1962）的"干中学"模型对知识生产、积累的过程及其相应的经济内涵进行了阐释。Romer（1986，1990）基于前人的研究，认为技术、经验等隐性知识所独有的部分排他性与非竞争性是发生知识溢出的主要原因，在构建的内生增长模型中，他将知识要素作为劳动力要素、资本要素之外的第三要素纳入生产函数。至此，有关知识溢出的研究大多局限于对企业有关创新与技术进步的研究中。然而，知识的部分排他性与非竞争性特征使其作为一种创新要素，在促使企业开发、生产创新产品的同时，还会通过企业关联产生溢出，不断实现创新，并且创新会产生类似反馈强化的作用，形成企业间的知识溢出循环，并产生乘数效应，放大最初的溢出影响。Jaffe（1989）的研究具有突破性的意义，他首先把空间因素纳入生产函数，并且将研究对象从微观企业转向区域，相应地，学术界对知识溢出的研究由微观企业转向了区域空间单元。Krugman（1991）提出在特定区域内，由于知识的外部性特征产生知识溢出，该特定区域内的企业易受到本地或邻近地区的技术以及知识的影响，从而提高创新的产出与效率。Audertsch 和 Feldman（1996，2004）的研究显示，知识溢出与创新活动集聚存在较为明显的联系，尤其是在知识的外部性更加突出，由企业的研发、高校的研发和技术工人来表征的新经济知识的作用更大的相关产业。张馨之和龙志和（2006）验证了知识溢出存在某种地理空间范围边界，且符合距离衰减规律，其在地级市层面对创新的影响比在其他更大范围的区域更为显著，因此知识溢出的研究对象若仅仅局限于企业层面，所得到的研究结论将缺乏严谨性。

在此之后，许多学者将空间因素纳入对知识溢出的研究范畴，并将研究的空间范围逐步地转向城市与区域空间，讨论知识溢出在促进产业集聚、创新发展和经济增长过程中所表现出的空间特征。根据赵勇和白永秀（2009）对相关文献的梳理，学者们对知识溢出的考察研究基本围绕两条路径展开：第一条路径致力于探讨知识溢出在空间是如何发生的，尤其是知识溢出与创新活动的空间分布二者之间的关系；第二条路径致力于探讨知识溢出对经济增长的作用。Glaeser 和 Saiz（2004）、Henserson 和 Wang（2007）基于城市层面的相关数据，分别从知识溢出推动创新发展、知识溢出引致空间集聚两个方面，讨论了知识溢出对城市发展的影响。而在区域范围上，大多数学者运用探索性空间数据（ESDA）和空间计量经济学方法，剖析知识溢出的空间集聚状态，或者构建空间计量模型来检验知识溢出对区域经济增长的影响（Funke and Niebuhr，2005；Costa and Iezzi，2004）。

有关知识溢出对区域创新驱动机制的研究，赵勇和白永秀（2009）根据知识溢出主体之间互动、交流形式的不同，对文献进行了系统梳理，他们将知识溢出机制至少分成了四大类：第一类是基于知识人才流动的知识溢出机制，认为知识人才的流动是知识溢出，尤其是隐性知识溢出的主要途径，一方面促进了新知识的生产，另一方面借助人才这个载体，有助于扩大知识溢出的范围；第二类是基于研发合作的知识溢出机制，强调各个部门之间的研发合作是知识生产和溢出的关键渠道，通过研发合作实现本区域的知识溢出与扩散，通过引导学生在本地区的企业工作等方式，提供产学研合作的平台，从而引发知识溢出；第三类是基于企业家创业的知识溢出机制，认为由于企业家在创业过程中会产生企业家之间的交流从而获得隐性知识；第四类是基于贸易投资的知识溢出机制，认为在国际贸易或者对外直接投资的过程中，相对落后地区可以通过逆向工程等学习与模仿以贸易商品、生产设备为载体的先进技术、知识，从而引发知识溢出。

陈晓红和宋洋（2011）将区域创新体系的相关理论与吸收能力相结合，认为知识溢出是否能够顺利发生取决于区域的吸收能力以及知识溢出的类型或作用机制。他们还认为，无论是知识人才的流动、产学研的活动、企业家的创业，还是模仿高级技术的知识，只有吸收消化、产出了创新成果（专利、商品、论文等），进行了成果转化和应用，才能切实推动区域创新能力的提高。除此之外，也有学者从区域创新效率的角度分析该问题，认为知识溢出提升的是区域创新效率，进而提高区域创新能力（王崇锋，2015）。

2.6 国家创新能力分析框架

2.6.1 国外研究文献

20 世纪 80~90 年代，经济合作与发展组织（OECD）结合科学技术指标对国家创新能力进行了研究分析，认为环境因素、集群因素和高校、中介等因素共同促进国家创新能力的提升。在后续的研究中，该分析逻辑逐渐演变为两种不同的分析国家创新能力的研究范式：一种是基于科学技术指标研究和创新调查统计数据为分析前提和基础的综合指标体系测度范式，该研究范式通过构建综合指标体系，对国家创新能力进行测度和跨国比较，并根据测算结果进行相关的创新能力研究；另一种是基于创新能力理论、内生增长理论和国家竞争优势理论等的影响因素进行集成分析，该研究范式通过构建集成分析框架，探讨影响国家创新能力的因素，考察范围更为广泛。

在综合指标分析框架中，具有代表性的包括欧盟提出的欧洲创新记分牌（EIS）、全球创新记分牌（GIS），世界经济论坛提出的创新能力指数（ICI）、全球竞争力指数（GCI）等。而因素集成分析以 Furman 等（2002）提出的分析框架为代表。Furman 等的因素集成分析框架进一步界定了国家创新能力的概念，丰富了其内涵并深化与扩展了 OECD 的相关研究，强调了创新政策对于国家创新能力的重要性，认为一个国家能否长期促进高新技术产业化取决于国家创新能力的高低，国家创新能力会对一个国家的产业竞争力，尤其是对高新技术产品的市场竞争力和国际市场份额产生直接影响，其是决定一个国家未来经济发展潜力的重要因素。他们认为创新基础设施、产业集群的外部创新环境、科技与产业等部门创新联系的质量是影响国家创新能力的主要因素和该分析框架的重要基石。

Furman 和 Hayes（2004）基于集成分析框架，以 20 世纪 80 年代后的部分发达国家、新兴经济体等为研究样本，实证分析影响国家实现技术追赶、停滞不前或落后的因素。结果表明，创新能力是造成这些国家生产率增长差异的重要因素，区域创新政策是核心前提，但必须保证在政策实施的时候有大量配套的创新基础设施、研发投资、产业集群等，否则政策承诺将不足以产生促进区域创新发展的动力。

从国家创新能力理论基础的角度来看，Furman 和 Hayes（2004）将以 Romer 为代表的内生增长理论、以 Porter 为代表的产业集群理论和以 Nelson 为代表的国家创新体系理论作为构建国家创新能力分析框架的理论基石。这三个理论从各自不同的视角阐述了影响国家创新能力的相关因素。其中，内生增长理论把创新能力抽象地概括为研究与开发活动以及创新部门对知识存量的有效利用；而其他两个理论强调具体因素的作用，Porter（1990）从微观的角度强调"钻石模型"中的相关因素，如企业战略、市场需求等对创新的作用，而从动态演化的角度强调国家的创新政策、教育状况和制度环境等因素对创新的影响，认为创新是多种因素和创新主体相互作用的结果。根据以上三个理论，Furman 和 Hayes 提出了如图 2-1 所示的国家创新能力框架，该模型见式（2-1）：

$$LA_{j,t} = \delta + \delta_{INF} LX_{j,t}^{INF} + \delta_{CLUS} LY_{j,t}^{CLUS} + \delta_{LINK} LZ_{j,t}^{LINK} + \lambda LH_{j,t}^{A} + \phi LA_{j,t} + \varepsilon_{j,t} \qquad (2-1)$$

式（2-1）中，$LA_{j,t}$ 为创新总量的对数值；$LX_{j,t}^{INF}$ 为公共基础资源的跨领域供给和政策选择水平的对数值；$LY_{j,t}^{CLUS}$ 为国家产业集群的特定创新环境水平的对数值；$LZ_{j,t}^{LINK}$ 为公共基础设施与产业集群之间的联系强度的对数值；$LH_{j,t}^{A}$ 为资本与劳动资源的投入量。Furman 等（2002）认为，国家创新能力的分析框架包括公共创新基础设施、支持创新的特定产业集群环境以及两者之间的联系三个方面的内容。

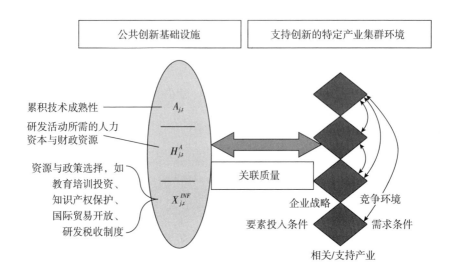

图 2-1 国家创新能力分析框架

Hu 和 Mathews（2005）在国家创新能力分析框架的基础上，以东亚的五个后发国家数据为样本进行了实证分析，结果表明公共研发支出在推进国家创新能力提升方面作用突出，是动力之源，制度在此过程中也扮演了极为重要的角色。Liu 和 Buck（2007）认为国家创新能力框架并未深入考虑国际技术的溢出效应以及溢出吸引力对本国创新能力的影响，并以中国高新技术产业的面板数据为样本，在改进该分析框架的基础上进行实证分析，结果表明知识溢出和技术扩散随着经济全球化浪潮的推进不断加快，技术溢出和本国的共同努力协同促进创新绩效的提升。Athreye 和 Cantwell（2007）从全球化的角度进行分析，同样认为国际贸易、外商直接投资和国际移民对于国家创新能力的提升具有积极影响，国家创新能力分析框架仍存在需要完善的空间，应该将技术溢出等国际因素纳入分析范围。Mu 等（2019）以 Furman 等（2002）的国家创新能力分析框架为基础，开发了一种基于创新投入产出的国家创新能力测度指标，以在国家层面上进行影响因素比较分析。结果表明，国家创新能力受多种因素的影响，与国家创新发展水平密切相关，发达国家具有更高的创新强度和创新绩效。

2.6.2 国内文献研究

梳理国内关于国家创新能力的文献后发现，诸多学者以 Furman 等（2002）的国家创新能力分析框架为切入点，结合我国实际情况，分析我国目前的创新能力发展现状及其未来趋势。

魏守华（2008）在国家创新能力分析框架的基础上，进一步明晰了国家创新能力应具备创新的理论基础、有利于创新的产业集群环境、产学研合作联系的质量和国际知识或技术溢出四个要素，分析了影响我国创新能力的因素及演变特征。他认为：①创新的理论基础要素源自 Romer（1990）提出的纳入知识要素的内生增长模型，涉及研究与开发活动的投入、以往的知识积累等；②有利于创新的产业集群环境要素来自产业集群的知识外部性理论，涉及产业结构、产业集聚以及产业关联等对创新和知识扩散的影响；③产学研合作联系的质量要素来自弗里曼提出的国家创新体系理论，包括区域的基础教育水平、来自高校等科研机构的知识溢出、产学合作关系等对创新的影响；④国际知识或技术溢出要素来自 Krugman（1991）提出的新贸易理论等，考察对外开放中的外商直接投资、国际贸易以及技术引进等对知识溢出途径的影响。左志刚（2012）同样认为，Furman 等的国家创新能力分析框架存在不完善的地方，因为金融要素虽然被纳入 Furman 国家创新能力分析框架的公共基础资源供给里面，但在该框架中，金融要素仅仅被当作一般的环境变量，缺乏深入、系统的理论分析，也未进行实证检验，尤其是在金融结构因素方面。因此，从该分析框架出发，对 32 个国家的实证分析表明，优化金融结构是强化金融创新支撑作用的关键，应积极地进行金融市场改革。

部分学者以国家创新能力分析框架的单个节点为基础，例如，朱永凤等（2019）以共建"一带一路"国家和地区为研究样本，从公共基础资源跨领域供给的角度，分析了沿线国家创新能力的时空演变和技术溢出效应，认为劳动、资本等要素投入存在空间外溢等现象；对国家创新能力的影响存在空间异质性，并且对国家创新能力的作用路径也有所不同，发达地区更容易形成促进国家创新能力提升的集聚。因此，要落实制度环境培育，实现要素跨领域自由流动和资源优化配置，以提升国家创新能力。张治河等（2014）从公共基础资源供给的角度进行分析，认为加大科技投入力度是促使国家创新能力提升的关键方式，不同创新主体的科研投入产生的激励效果也有所差异，企业科研投入对国家创新能力的促进作用最明显，政府相较而言略低，金融机构的影响低于前两者；科技成果的保护机制也同样重要，有利于激发创新动力，促进国家创新能力的提高。田颖等（2019）从产业集群的角度进行分析，认为产业集群不仅可以促进要素的集聚，促使相关资源流向有良好创新氛围的产业集群，以期产业集群发挥"创新增长极"的作用，而且还可以促进产业协同，加速区域创新网络的构建。产业集群对于开展跨区域合作，促进产业转型和完善创新网络具有突出作用，是影响区域创新能力的重要因素之一，并且可以为企业提供良好的外部环境，加强信息交流和隐性知识的扩散，有助于创新。尹高磊等（2019）在辨析国家创新能力的基础上，从各种综合评价国家创新能力的指标分析中，讨论中国创新能力在诸多创新评价体系中的相对位置、相对优势与不足之处，并提出国家创新能力是各种要素资源、政策、产业集聚、开放创新体制等共同作用的结果，因此要抓住创新这一核心动力，聚焦推动国家创新能力均衡提升。

通过对文献的梳理可知，国家创新能力分析框架综合考虑了影响国家创新能力的多种因素，但同样存在不合理之处，如未将国际贸易、外商投资等外部因素考虑在内；仅将金融结构等影响国家创新能力提升的因素假设为一般的外生的环境变量，而未深入考虑其内生影响等，然而不可否认，该分析框架虽然没有像使用指标体系评价所得的结果那么直观，易于理解，但是其在一定程度上避免了使用简单指标代表国家复杂创新活动可能产生的结果偏差。

2.7　理论框架

综合前述的文献，已有的研究在各个驱动机制对区域创新的独立影响方面做出了较多的研究与尝试，取得了较为丰硕的研究成果。然而，由于研究的方法、角度的差异，即使是在实证检验中的局部问题的分析上，得到的结论都存在较大的区别，因此该领域还值得进一步深入研究。

在已有的研究中，至少有以下三个方面的问题需要进一步探讨：一是进入经济新常态，我国的区域经济增长放缓，改革创新、优化结构、增长动力转换已成为发展的唯一选择，区域创新作用日益突出，既有的研究虽然对区域创新的影响因素开展了零散的研究，但是缺乏深入与系统，对于如何整合这些驱动创新的力量的研究相对欠缺。二是我国当前的区域创新能力的格局是东部省份遥遥领先，且领先地位相对稳定；中西部省份的创新能力仍然较为薄弱，并且存在一定的波动趋势；东北地区等老工业基地的创新活力仍显不足，创新能力尚待提高。如何能够在当前相对稳定的创新格局下，实现东部地区持续创新，以传统的依靠资源和投资驱动的中西部、东北地区等老工业基地等实现创新动力的转换，并且除了各区域的独立创新努力，可以通过空间互动来快速提升区域创新能力。三是如何借助政府之手，通过区域创新政策的设计来实现区域经济空间结构优化。本书主要从这三个方面展开分析与研究，着眼于整体提升我国各区域的创新能力，激发区域经济发展的内生增长动力，引领经济高质量增长。因此，本书的理论框架如图 2-2 所示。

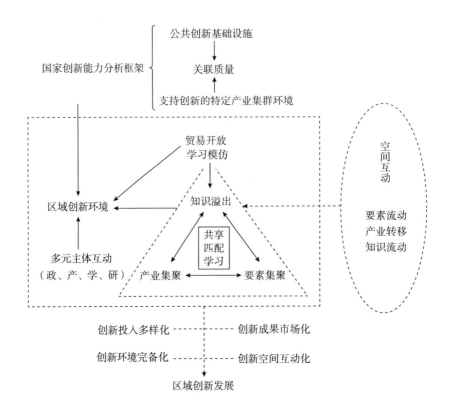

图 2-2　本书的理论框架

本书的研究路径主要是探讨五大驱动机制对区域创新的影响。国家创新能力分析框架的研究相对成熟，包含公共创新基础设施、支持创新的特定产业集群环境以及二者之间的关联，其是构成广义区域创新环境的基本内容。因此，本书将其中的一些可量化的表征指标纳入区域创新环境的考量范围，利于实证研究的开展。

日益全球化的今天，不同国家间的空间互动更加频繁，然而由于国际往来存在较多的来自税收、政治体制、国际贸易壁垒等制约因素，因此其空间效应相对一个国家的各区域而言显得更加微弱。由于本书主要以我国省级单元为研究对象，不存在国际交往中的诸多制约，加之国内完善的交通与通信网络，使区域间的互动更易于发生，尤其表现在以要素流动、产业转移和知识流动等为载体而发生的区域空间关联效应，在这三重叠加的空间互动影响下，区域创新所呈现的空间效应日益突出。此外，要素流动、产业转移和知识流动直接导致的要素集聚、产业集聚与知识溢出等，以及其产生的共享效应、匹配效应与学习效应，成为驱动区域创新的三种重要机制。

区域创新环境是推动区域创新发展的关键因素，其涉及区域发展的方方面面，既包括要素集聚、产业集聚与知识溢出这三种重要机制，也包括贸易开放与多元主体互动的系统路径。其中，贸易开放与知识溢出存在一定的联系，根据贸易开放程度以及受影响区域吸收能力的不同而呈现区域性的影响，究竟是促进知识溢出还是产生抑制作用有待进一步的检验与分析。政、产、学、研等本就是区域创新环境中重要的创新行为主体，然而其在区域创新中协同作用的路径呈现一定的区域异质性，又进一步对区域创新环境产生影响。事实上，我国国土幅员辽阔，各区域的创新条件与基础差别较大，由此区域创新环境也随之呈现较为典型的异质性及空间集中特征，即区域创新环境良好的区域集中分布，而区域创新环境相对不理想的区域也呈现空间集中性，表现出一定的梯度。如何突破现有的创新空间格局，需要较多的努力，除了创新环境的完备化，还应更多地考虑创新投入的多样化，扩大创新投入的来源渠道，挖掘社会各界的创新潜能；创新成果的市场化，构筑创新供需的对接平台，实现创新成果的价值转换；创新空间的互动化，增强创新空间互动，以期打造区域协同创新的良好格局。

3　我国区域创新的发展现状分析

本章对我国区域创新发展现状的分析主要围绕区域创新产出总体现状和区域创新环境建设评价两个方面展开。

3.1　区域创新发展状况

3.1.1　区域创新产出总体现状

对区域创新的测度通常包括两种不同的方法——综合指标体系法和单一指标法。其中，综合指标体系法通过构建指标体系进行测度，涉及维度广，能够较为全面地反映研究对象的特征。由于区域创新涉及面较广，大量研究运用综合指标体系对区域创新进行测度。如 Guan 和 Ma（2003）构建了包括资源开发能力、战略能力、学习能力、研发能力、制造能力、市场营销能力、组织能力等在内的指标体系测度创新能力。中华人民共和国科学技术部（2019）基于创新环境、创新资源、企业创新、创新产出和创新绩效 5 个子系统对区域创新能力进行了评价和监测。中国科技发展战略研究小组和中国科学院大学中国创新创业管理研究中心（2019）基于5个一级指标（知识创造、知识获取、企业创新、创新环境和创新绩效）、20个二级指标、40个三级指标和138个四级指标构建了中国区域创新能力评价指标体系。综合指标评价法虽然评价相对较为全面，然而由于指标体系存在较多的差异性，评价结果也有很大的不同。因此，为便于比较与分析，有较多的研究机构与学者会采用单一指标法，该方法侧重于强调变量的本质特征，通常选择专利数作为创新产出的代表性指标，虽然专利数并不是衡量创新产出的最完美指标，如 Griliches（1990）提出用专利来衡量技术或者知识，其不足在于无法体现专利的质量，也无法体现专利在经济增长中的具体贡献，此外，并非所有的发明都申请了专利。然而 Acs 等（2002）认为，专利可以较好地表征创新。Feldman 和 Florida（1994）也研究了专利与创新之间的关系，通过数据验证了二者具有较高的相关性，因此在学术界常以专利来表征创新。国内学术界也普遍认可专利是区域创新的最佳替代指标，如施晓丽（2013）、马茹（2017）分别使用每万人专利授权数和发明专利授权数测度区域创新产出。因此，借鉴学术界的常用做法，并结合数据可得性，本书仍然选取专利数作为创新产出的代表性指标进行实证分析，以专利受理数或授权数、发明专利受理数或授权数作为区域创新的表征指标。

限于篇幅，本书仅在表3-1、表3-2列出了2006年和2016年我国分地区的专利受理与授权情况，数据表明全国及各省份的创新产出均有较大提高。从表3-1和表3-2可以看出专利受理数、专利授权数快速提高，2016年的专利受理数、专利授权数分别是2006年的7.37倍和7.72倍，达到了328.12万件和161.19万件，二者2006~2016年的年均增长率分别为22.11%和22.68%；发明专利受理数、发明专利授权数同样快速增长，2016年的发明专利受理数、发明专利授权数分别是2006年的10.72倍和13.26倍，达到了119.34万件和29.48万件，二者2006~2016年的年均增长率分别为26.77%和29.50%，表明以专利数为指标衡量的区域创新产出不断增加。

表 3-1 2006 年和 2016 年我国不同省份专利受理数/发明专利受理数

单位：件

省份	专利受理数		发明专利受理数	
	2006 年	2016 年	2006 年	2016 年
北京	26555	189129	14226	104643
天津	13299	106514	4981	38153
河北	7220	54838	1597	14141
山西	2824	20031	965	8208
内蒙古	1946	10672	430	2878
辽宁	17052	52603	4368	25561
吉林	4578	18922	1335	7537
黑龙江	6535	35293	1911	13177
上海	36042	119937	12050	54339
江苏	53267	512429	10214	184632
浙江	52980	393147	8333	93254
安徽	4679	172552	1274	95963
福建	10351	130376	1437	27041
江西	3171	60494	823	8202
山东	38284	212911	7237	88359
河南	11538	94669	2404	28582
湖北	14576	95157	2827	43789
湖南	10249	67779	3578	25524
广东	90886	505667	21351	155581
广西	2784	59239	679	43078
海南	538	3658	246	1278
重庆	6471	59518	1204	19981
四川	13109	142522	2930	54277
贵州	2674	25315	923	10953
云南	3085	23709	1005	7907
西藏	89	712	21	176

续表

省份	专利受理数		发明专利受理数	
	2006 年	2016 年	2006 年	2016 年
陕西	5717	69611	1815	22565
甘肃	1460	20276	550	6114
青海	325	3284	79	1381
宁夏	671	6149	172	2510
新疆	2256	14105	381	3598
全国合计	445211	3281218	111346	1193382

注：由于我国港澳台数据缺失，暂时未列于表中。

表 3-2 2006 年和 2016 年我国不同省份专利授权数／发明专利授权数

单位：件

省份	专利授权数		发明专利授权数	
	2006 年	2016 年	2006 年	2016 年
北京	11238	100578	3864	40602
天津	4159	39734	967	5185
河北	4131	31826	407	4247
山西	1421	10062	314	2411
内蒙古	978	5846	108	871
辽宁	7399	25104	1063	6731
吉林	2319	9995	449	2428
黑龙江	3622	18046	565	4345
上海	16602	64230	2644	20086
江苏	19352	231033	1631	40952
浙江	30968	221456	1424	26576
安徽	2235	60983	272	15292
福建	6412	67142	310	7170
江西	1536	31472	157	1914
山东	15937	98093	1092	19404
河南	5242	49145	450	6811
湖北	4734	41822	855	8517

续表

省份	专利授权数		发明专利授权数	
	2006 年	2016 年	2006 年	2016 年
湖南	5608	34050	581	6967
广东	43516	259032	2441	38626
广西	1442	14858	183	5159
海南	248	1939	39	383
重庆	4590	42738	246	5044
四川	7138	62445	676	10350
贵州	1337	10425	188	2036
云南	1637	12032	355	2125
西藏	81	245	7	33
陕西	2473	48455	602	7503
甘肃	832	7975	145	1308
青海	97	1357	30	271
宁夏	290	2677	64	560
新疆	1187	7116	107	910
全国合计	208761	1611911	22236	294817

注：由于我国港澳台数据缺失，暂时未列于表中。

3.1.2 区域创新产出空间分布

无论是专利受理数与授权数还是发明专利受理数与授权数均呈现逐年上升的趋势，表明创新产出呈不断增加的基本态势。此外，空间分布还呈现一个典型的特征，就是无论是专利受理数与授权数还是发明专利受理数与授权数大部分集中在东部沿海地区，如广东、江苏、浙江、山东、上海、北京等地，表现出一定的空间集聚，基本呈现东部-中部-西部梯度递减的特征。这与表 3-3 的区域创新能力综合评价的空间格局基本一致，一方面表明专利是表征区域创新能力的一个良好的代理变量；另一方面表明区域创新存在一定的路径依赖，创新环境与创新基础对创新具有持续影响。

表3-3　2016~2019年不同省份创新能力与位次变化

省份	2019年	2016年	位次变化	省份	2019年	2016年	位次变化
广东	1	2	1	江西	17	21	4
北京	2	3	1	海南	18	16	-2
江苏	3	1	-2	辽宁	19	18	-1
上海	4	4	0	河北	20	23	3
浙江	5	5	0	广西	21	19	-2
山东	6	6	0	云南	22	26	4
重庆	7	8	1	宁夏	23	24	1
湖北	8	12	4	青海	24	31	7
天津	9	7	-2	甘肃	25	20	-5
安徽	10	9	-1	山西	26	29	3
四川	11	11	0	吉林	27	27	0
陕西	12	10	-2	黑龙江	28	22	-6
湖南	13	13	0	新疆	29	25	-4
福建	14	14	0	内蒙古	30	28	-2
河南	15	15	0	西藏	31	30	-1
贵州	16	17	1				

资料来源：中国科技发展战略研究小组，中国科学院大学中国创新创业管理研究中心．中国区域创新能力评价报告2016/2019〔M〕．北京：科学技术文献出版社，2016/2019．

3.1.3　区域创新产出空间相关性

根据前文分析可知，我国的区域创新存在一定的空间集聚，为了探究其是否存在区域间的空间相关性，本节通过空间自相关检验进行判断。空间自相关分析的重点是将空间关系予以量化，明确界定空间关系的具体形态，结合众多学者的研究，运用莫兰（Moran）指数检验确定空间相关性，莫兰指数包括全局莫兰指数和局部莫兰指数两种类型，在计算莫兰指数前，需要设定空间权重矩阵。

3.1.3.1　设定空间权重矩阵

设定空间权重矩阵首先需要界定空间邻接关系与空间距离，空间邻接关系是根据两个空间单元是否相邻来判断赋值，而空间距离的界定由地理空间距离和经济空间距离等来确定。考虑到稳健性的因素，本书以空间邻接关系、地理距离以及经济距离三种方式来设定空间权重矩阵。

（1）0—1邻接权重矩阵。根据Queen相邻原则构建0—1邻接权重矩阵，具体规则如下：如果两个区域在地理上存在同一个边界或交点，就界定这两个区域为相邻关系，赋值为1；否则界定为不相邻，赋值为0，其赋值公式如下：

$$w_{ij} = \begin{cases} 1 & \text{区域}\,i\,\text{与区域}\,j\,\text{相邻} \\ 0 & \text{区域}\,i\,\text{与区域}\,j\,\text{不相邻} \end{cases} (i \neq j) \tag{3-1}$$

（2）地理距离逆矩阵。在0—1邻接权重矩阵中，只有当两个区域地理相邻时，界定二者存在对称的空间影响，否则区域间就不存在空间影响，然而现实情况是，即使两个区域地理空间不相邻，如果距离不太远，两个区域间也会产生空间影响，因此0—1邻接权重矩阵的非此即彼原则与现实存在一定的差异。而且地理学第一定理表明，相对于距离较远的事物，距离近的事物之间联系更密切，即存在距离衰减规律，本书构建的地理距离逆矩阵可以对该特征进行描述，其赋值公式如下：

$$w_{ij} = \begin{cases} \dfrac{1}{N_{ij}} & i \neq j \\ 0 & i = j \end{cases} \tag{3-2}$$

式（3-2）中，N_{ij}为区域i与区域j之间的地理距离，从中可以看出，两个区域之间距离越近，其倒数值越大，所赋权重就越大；反之，距离越远，其倒数值越小，则所赋权重就越小。

（3）经济距离逆矩阵。除了地理距离对区域间的相互作用有影响，经济水平差距也会对区域间的相互作用产生影响。一般情况下，两个地区的经济收入水平差距越小，即经济水平越接近，相互影响及权重越大；经济收入水平差距越大，则相互影响及权重较小，其赋值公式如下：

$$w_{ij} = \begin{cases} \dfrac{1}{|G_i - G_j|} & i \neq j \\ 0 & i = j \end{cases} \tag{3-3}$$

式（3-3）中，G_i 和 G_j 分别表示 i 地区和 j 地区经价格指数调整后的历年不变价人均 GDP 的均值。式（3-3）表明两个地区经济水平越接近，逆距离及权重越大；经济水平差距越大，则逆距离及权重越小。

3.1.3.2 全局莫兰指数检验

本节首先采用 Moran（1950）提出的全局莫兰指数进行空间相关性检验，具体公式如下：

$$Moran's \ I = \frac{\sum_{i=1}^{n} \sum_{j=1}^{n} w_{ij}(Y_i - \overline{Y})(Y_j - \overline{Y})}{S^2 \sum_{i=1}^{n} \sum_{j=1}^{n} w_{ij}}$$

$$S^2 = \frac{1}{n} \sum_{i=1}^{n} (Y_i - \overline{Y})^2 \quad \overline{Y} = \frac{1}{n} \sum_{i=1}^{n} Y_i \tag{3-4}$$

式（3-4）中，Y_i 为第 i 个地区的区域创新，w_{ij} 为空间权重矩阵，$\overline{Y}$ 为区域创新的均值，S^2 为区域创新的方差。全局莫兰指数的取值范围介于 $-1 \sim 1$，当其值为负数时，说明区域创新具有负空间相关性；反之，则表示存在正空间相关性。另外，莫兰指数绝对值的大小与空间相关性的强弱同向变化。

本节运用 STATA 软件，分别基于 0—1 邻接权重矩阵、地理距离逆矩阵、经济距离逆矩阵，以发明专利受理数为指标分析 2006~2016 年我国 30 个省份（港澳台除外，下同）发明专利受理数全局莫兰指数，计算结果如表 3-4 所示。

由表 3-4 可知，2006~2016 年的莫兰指数均大于 0，表明区域创新在空间上呈现明显的正相关关系，因此，如何在当前相对稳定的创新格局下，实现东部持续领先，以传统的依靠资源和投资驱动的中西部、东北老工业基地等区域实现创新动力的转换，除了各区域的独立创新努力，由于区域创新存在空间相关性，还可以通过空间互动快速提升区域创新能力。

表 3-4 2006~2016 年我国 30 个省份发明专利受理数全局莫兰指数

年份	0-1 矩阵			地理距离逆矩阵			经济距离逆矩阵		
	I	z	p	I	z	p	I	z	p
2016	0.230	2.354	0.009	0.059	2.762	0.003	0.273	3.641	0.000
2015	0.269	2.716	0.003	0.051	2.526	0.006	0.232	3.175	0.001
2014	0.264	2.814	0.002	0.044	2.462	0.007	0.209	3.046	0.001
2013	0.241	2.698	0.003	0.034	2.216	0.013	0.227	3.394	0.000
2012	0.216	2.468	0.007	0.025	1.930	0.027	0.276	4.065	0.000
2011	0.182	2.100	0.018	0.014	1.547	0.061	0.299	4.289	0.000
2010	0.174	1.899	0.029	0.014	1.451	0.073	0.327	4.377	0.000
2009	0.167	1.781	0.037	0.017	1.498	0.067	0.332	4.304	0.000
2008	0.123	1.402	0.080	0.009	1.263	0.103	0.302	3.972	0.000
2007	0.097	1.204	0.114	0.004	1.161	0.123	0.325	4.358	0.000
2006	0.076	1.025	0.153	0.007	1.260	0.104	0.305	4.181	0.000

3.1.3.3 局部莫兰指数检验

全局莫兰指数检验可以确定区域创新是否存在空间相关性，但并不能直接体现出空间内各个区域个体与其他个体直接的关联程度，因此要对单个区域与其他区域之间的空间关联程度进行分析，即进行局部莫兰指数检验，本节采用莫兰散点图来实现这一检验。

限于篇幅，本节仅报告各地区 2006 年、2011 年和 2016 年在经济距离逆矩阵下的区域创新莫兰散点图（见图 3-1）。Anselin（1995）将莫兰散点图划分为四个象限：第一象限、第三象限表示邻近地区创新产出存在空间上的正相关性，前者表示高值集聚（HH），后者则表示低值集聚（LL）；第二象限、

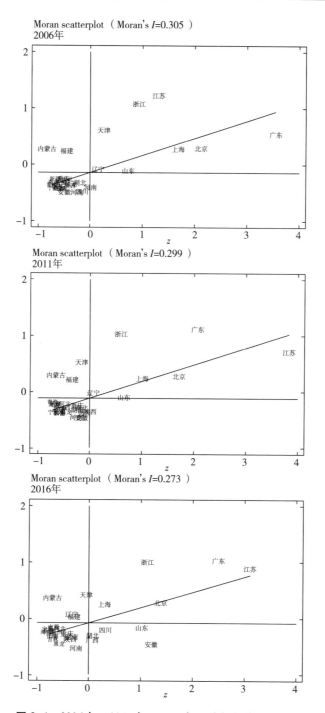

图 3-1　2006 年、2011 年、2016 年区域创新莫兰散点图

第四象限表示邻近地区创新产出存在空间上的负相关性，前者是高值集聚包围低值集聚（LH），后者是低值集聚包围高值集聚（HL）（Anselin and Florax，1995）。

由图3-1的Moran散点图可得，2006～2016年各省份的区域创新相对较为均匀地分布在第一象限、第三象限，说明大多数区域的创新产出确实存在显著的空间正相关性，因此，在后文的实证分析中应考虑区域创新空间效应的影响。

3.1.4 区域创新网络的互动关联

区域创新网络的互动关联主要表现在构成创新系统的各主体之间的互动合作，如企业与高等学校的合作、企业与科研机构的合作、企业与政府的合作，以及产学研的三方合作，乃至政产学研的四方合作等。

《2020年中国专利调查报告》的数据显示，企业的主要合作创新对象为上下游企业及客户，占比为52.1%；其次是同行业企业，占比为34.9%；再次是高校及科研单位，占比为27.5%；最后是政府部门合作创新的比例最低，占比仅为12.1%。[①]从企业规模来看，大型企业与高校及科研机构、政府部门的合作创新更为密切，两项占比明显高于中小微型企业，分别为58.0%和20.2%。此外，成立时间较长的企业与高校和科研机构开展合作创新的比例较高，达到了43.0%。国家高新技术企业与高校及科研机构合作创新的比例为40.5%，明显高于与非国家高新技术企业（21.4%）。如表3-5所示，从企业登记注册类型来看，内资企业与高校及科研单位的合作创新率高于其他登记注册类型企业，为6.7%[②]。

---

① 调查问卷中该题为多选题，因此选项结果之和大于100%，下同。
② 国家知识产权局战略规划局，国家知识产权局知识产权发展研究中心.2020年中国专利调查报告［P/OL］.［2021－04－28］.https：//www.cnipa.gov.cn/module/download/down.jsp？i_ID＝158969&colID＝88.

表 3-5　不同登记注册类型企业与高校及科研单位合作创新率　　单位：%

登记注册类型	内资企业	港澳台商投资企业	外商投资企业	总体
合作创新率	6.7	4.4	5.6	6.5

资料来源：国家知识产权局战略规划局，国家知识产权局知识产权发展研究中心.2020 年中国专利调查报告［R］.2021。

《中国区域创新能力评价报告 2019》的数据显示，高校来自企事业单位委托科研经费的绝对数量在显著增长，但是随着高校数量的增加，相对来说，校均企事业单位委托科研经费有所下降，反映了高校和企业之间的交流合作在不断弱化。此外，国家知识产权局发布的合作专利数据显示，高校、企业、研究机构之间的合作专利申请数增加趋缓，甚至近几年开始出现下降态势，表明产学研的合作在一定程度上渐趋弱化（中国科技发展战略研究小组和中国科学院大学中国创新创业管理研究中心，2019），多元主体的协同驱动仍存在较大的提升空间。

3.2　区域创新环境建设评价

如前文所述，区域创新环境建设是区域创新的重要抓手，也是影响区域经济发展的关键要素，其会通过影响各个创新主体的作用发挥及相互联系，进而影响区域创新。由于创新活动具有高风险性和经济的外部性，企业的创新行为和区域内科研单位、高校的创新活动会在一定程度上受到抑制。创新环境建设提供了破除这些阻碍的可能性，有利于营造创新要素流动和集聚的外部驱动力。

学者对区域创新环境的评价方法各异。Wang 等（2016）从经济基础、创新者的质量和结构以及区域开放程度等方面对区域创新环境进行了评价；张莹和张宗益（2009）利用回归分析测算各因素对区域创新环境的影响程度，提出应根据此影响程度进行评价；许婷婷和吴和成（2013）、杨明海等（2018）、党晶晶等（2018）分别采用多元统计分析方法、层次分析和熵值法、灰色关联度分析法对创新环境进行了评价。

基于区域创新环境建设对区域创新发展的重要性，本节分别采用两种方法评价区域创新环境：一是采用相对较为传统的因子分析法进行分析，对反映区域创新投入环境、区域创新产出环境、区域创新扩散环境和区域创新支持环境的 20 个指标进行因子分析，通过对数据降维处理，在保留这些指标主要信息的同时，得出能够反映区域创新环境的因子，并对各省份的因子计算得分进行综合评价排序，以直观地对比不同区域的创新环境状况；二是采用熵值法分别计算全国各省份金融环境、制度环境、劳动者素质、基础设施环境、市场环境和创业环境的评价值，再将各单一环境的评价值作为基础数据，运用熵值法计算出创新综合环境评价值。

3.2.1　因子分析法对区域创新环境的评价

3.2.1.1　指标体系的构建与数据说明

本节参考许红丹（2018）、张慧颖和吴红翠（2011）以及万勇和文豪（2009）的研究方法，将区域创新环境分为四个子环境，即创新投入环境、创新产出环境、创新扩散环境和创新支持环境。区域创新环境是各子环境的有机结合体，指标体系的构建如下：

（1）创新投入指标：政府、企业和高校的科技投入是区域创新发展和区域竞争力的基础，根据创新投入的来源和方式，将企业对高校和研究机构的科研资金投入、企业获得的来自政府和其他企业的 R&D 资金补贴、企业的试验发展支出、R&D 人员全时当量和地方政府财政科技支出作为衡量区域创新投入能力的指标。其中，地方政府财政科技支出是一个流量数据，采用 Griliches (1980)、吴延兵（2006）、白俊红等（2010）的做法，使用永续盘存法将其转化为存量数据，其余研发投入变量均利用 R&D 支出价格指数平减为 2009 年的不变价，以消除价格变动对结果有效性的影响，价格指数核算方法采用白俊红和卞元超（2016）的做法，按照消费价格指数 0.35 的权重和固定资产投资价格指数 0.65 的权重加权计算 R&D 支出价格指数。

（2）创新产出指标：创新产出是衡量高新技术企业科技创新竞争力的关键指标（贾春光等，2020），包含新知识、新技术、新工艺和新价值的产出。与实用新型和外观设计两种专利相比，发明专利具有更高的技术含量，能够更好地衡量创新产出（白俊红等，2010）。此外，技术市场成交额和新产品的销售收入等指标也可以用来表征创新产出情况，但由于部分省份新产品的销售收入数据缺失，统计困难。因此，本节仅将发明专利授权数和技术市场成交额两个指标作为衡量创新产出环境的评价指标。

（3）创新扩散指标：区域间的技术扩散会促使企业以学习和模仿等方式提高创新能力，创新能力强的企业能够带动整个区域创新水平的提升。已有的研究表明，外商直接投资额能够反映国际知识溢出，进出口贸易额可以表征贸易国之间的技术的学习与模仿能力（万勇和文豪，2009），由于获取的数据以美元为单位，所以需要利用各年的汇率将前述指标的货币单位转换为人民币。此外，规模以上工业企业技术改造经费支出以及引进国外技术的经费支出，也可以体现出企业对先进技术的学习和模仿（任强等，2019）。因此，本节将这四个变量作为反映区域创新扩散的衡量指标。

（4）创新支持指标：创新支持子环境由市场化程度、产业结构、人力资本、金融发展水平、地区开放程度、固定资产投资和基础设施水平等组成。市场决定资源配置效率，充分发挥市场的作用，可以促使创新要素流向实现其最大效益的地方，是创新发展的重要推动力，本书利用非国有企业员工占比来体现区域的市场化程度（韩先锋等，2019）。产业结构用第三产业增加值比重与第二产业增加值比重的比值来表示，比值越大，区域产业结构越合理。此外，人力资本用各地区的人均受教育年限进行衡量。金融发展水平可以充分体现出创新发展的外部资金流动，是创新发展的必要外部条件，本书采用金融机构年末存贷款余额与 GDP 的比值来表示。地区开放程度用货物经营所在地进出口总额与 GDP 的比值衡量，其中进出口总额同样需要利用中国人民银行发布的人民币基准汇率的年平均价将货币单位转化为人民币（齐亚伟，2015）。固定资产投资是社会固定资产实现再生产的主要数量表现，本书使用固定资产投资指数对固定资产投资额进行处理，得到不变价的固定资产投资额。基础设施水平用铁路营运里程来表示。基于上述指标，本书构建了如表 3-6 所示的区域创新环境指标体系。

表 3-6　区域创新环境指标体系

一级指标	二级指标	三级指标	
区域创新环境	创新投入子环境	FirmToSch	企业对高校的 R&D 补贴（万元）
		FirmToRe	企业对研究机构的 R&D 补贴（万元）
		Subsidy	企业获得的来自政府的 R&D 补贴（万元）
		Firmsub	企业获得的其他企业的 R&D 资金补贴（万元）
		Experimental	企业的试验发展支出（万元）
		RDlab	R&D 人员全时当量（人年）
		Fis	地方政府财政科技支出（亿元）
	创新产出子环境	Tech	技术市场成交额（亿元）
		Patent	发明专利授权数（项）
	创新扩散子环境	FDI	外商直接投资额（万美元）
		ImExport	进出口贸易总额（千美元）
		Britech	引进国外技术的经费支出（万元）
		Techtrans	技术改造经费支出（万元）

续表

一级指标	二级指标	三级指标	
区域创新环境	创新支持子环境	Edu	地区人力资本（年）
		Openness	地区开放程度（%）
		Structure	产业结构（%）
		Far	固定资产投资（亿元）
		Fin	金融发展水平（%）
		Market	市场化程度（%）
		Infra	基础设施水平（万千米）

本书所需的相关原始数据源于《中国统计年鉴》《中国科技统计年鉴》和国家统计局网站。由于西藏部分数据的缺失和港澳台地区数据获取的困难性，在进行数据收集时，只汇总了我国除西藏和港澳台之外的 30 个省份的数据，并对有关价值量的数据进行了处理，以消除价格变化产生的影响。在利用因子分析模型进行综合评价之前，对数据进行了无量纲化和中心化处理。

3.2.1.2　因子分析及综合评价

由于衡量区域创新环境所需的指标数量较多，在某种程度上会加剧研究问题的复杂性，造成分析结果的偏差。为此，可采用因子分析法，在众多的指标中，选取包含被研究问题大部分信息的指标，将原始指标变量组合成新的变量，通过数据降维，得到更有利于分析的有效信息。为了确定区域创新环境是否适合进行因子分析，本节首先进行 KMO 和 Bartlett 球形检验。

（1）KMO 和 Bartlett 球形检验。KMO 检验用于检查变量间的相关性和偏相关性，Bartlett 球形检验则用于检验相关阵中各变量的相关性，即检验各变量是否各自独立。通常而言，若 KMO 小于 0.5，不适合做因子分析，0.5~0.6 效果较差，大于 0.9 则认为非常适合做因子分析。本研究对各年数据分别进行 KMO 和 Bartlett 球形检验估计，将检验结果列于表 3-7 中。如表 3-7 所示，各年的 KMO 值均在 0.5 以上，且 Bartlett 球形检验的 p 值为 0，表明变量之间具有显著的相关性，综合判断检验结果，区域创新环境的各个变量适合因子分析。

表 3-7　KMO 和 Bartlett 球形检验

检验/年份		2017	2016	2015	2014	2013	2012	2011	2010	2009
KMO 检验值		0.643	0.610	0.642	0.686	0.585	0.521	0.579	0.611	0.661
Bartlett 球形检验	近似卡方	1060.438	1032.295	1039.401	1037.665	1049.646	1132.185	1127.134	1139.084	1143.374
	自由度	190	190	190	190	190	190	190	190	190
	p 值	0.000	0.000	0.000	0.000	0.000	0.000	0.000	0.000	0.000

（2）因子旋转及公共因子的确定。因子旋转可以将原始变量的公因子载荷重新分布，达到一种两极分化的效果。相较于不采用因子旋转后的载荷矩阵而言，旋转后的载荷矩阵可以清晰地体现出哪些变量具有较大载荷，以便更好地解释各公因子。因此，可以通过主成分分析法提取公因子，运用凯撒正态最大方差法进行旋转，并根据提取公因子和旋转之后得到的因子载荷矩阵，确定三个公共因子。

2009~2017 年各年份旋转后的因子载荷在矩阵中，表示区域创新投入的指标——研究与开发人员全时当量、政府对企业的研究经费补助、企业对高校的研发支持、政府财政支出，表示区域创新扩散的指标——外商直接投资、进出口贸易总额和表示创新支持环境的开放度指标在第一个公共因子上具有较大载荷，这些指标反映的是区域创新发展所需的研发投入、创新扩散与经济支持，体现了内外部经济环境对区域创新效率的促进作用。因此，可以将第一个公共因子表示为反映区域创新经济环境的公共因子。

表示企业创新投入的变量，如企业的试验发展经费支出、技术改造经费支出和固定资产投资等在因子旋转矩阵中具有较大载荷，这些变量体现的是区域创新发展过程中的资金投入，故将第二个公共因子表示为反映创新投入的公共因子。此外，第三个公共因子中的产业结构、金融支持环境、技术市场成交额、地区人力资本在因子旋转后的载荷矩阵中具有较大载荷，这些变量反映的是区域发展所需的产业支持、金融支持、产出环境支持和人力支持，所以可以将第三个公共因子表示为反映区域创新支持环境的因子。各个因子的特征根和贡献率如表3-8所示。

表3-8 旋转后的因子特征值及贡献率

年份	特征值			方差贡献率			累计方差贡献率		
	1	2	3	1	2	3	1	2	3
2017	6.7152	4.1343	2.6129	0.3948	0.2432	0.1537	0.3948	0.6380	0.7917
2016	6.2129	4.0718	3.1990	0.3655	0.2395	0.1882	0.3655	0.6050	0.7932
2015	7.1942	4.2959	2.3577	0.4232	0.2527	0.1387	0.4232	0.6759	0.8146
2014	7.6531	4.3777	2.0527	0.4502	0.2575	0.1207	0.4502	0.7077	0.8284
2013	7.9199	4.6023	1.6242	0.4659	0.2707	0.0955	0.4659	0.7366	0.8321
2012	6.3831	4.3370	3.4677	0.3755	0.2551	0.2040	0.3755	0.6306	0.8346
2011	8.1962	4.5909	1.7733	0.4821	0.2701	0.1043	0.4821	0.7522	0.8565
2010	5.9274	4.1363	3.8877	0.3487	0.2433	0.2287	0.3487	0.5920	0.8207

3.2.1.3 结果分析及评价

经过计算，区域创新环境综合得分位列前六的省份依次为广东、江苏、北京、上海、山东和浙江，均位于东部地区，其区域经济发展水平居全国前列。广东位于珠江三角洲，是粤港澳大湾区的主体区域，具有广袤的内陆腹地和漫长的海岸线，承担着我国内外航运需求，其集装箱吞吐量在全球排名前十，得天独厚的区位优势、政策优势和创新氛围为广东的创新发展提供不竭的动力。江苏、上海和浙江位于长江三角洲，各种政策法规较为健全，经济基础优越，依靠上海金融中心的地位，吸引了大量外资和先进技术的涌入。北京是京津冀协同发展区的核心城市，是我国的政治、文化、科技创新和国际交往的中心，中关村和诸多高校、科研机构为北京带来了数量可观的高素质人力资本。山东省拥有良好的区位优势，毗邻日韩，与工业大省辽宁隔海相望，南接江苏等发达区域，还具备便捷的交通和大量的优质劳动力等优势，这为山东省的创新环境建设奠定了良好的基础。

首先，反观创新环境有待进一步改善的省份，大部分处于中西部和东北地区，主要原因在于其不具备沿海等区位优势，对外交流贸易较少，创新资源相对贫瘠；其次，政府的政策明显向东南沿海等发达城市倾斜，这些地区的政策优惠、财政支持不足；最后，尽管这些地区实施了西部大开发，中部崛起和东北振兴等战略，但仍未完全实现产业结构转型升级，市场活力与创新动力仍待进一步激发（施晓丽和蒋林林，2021）。

3.2.2 基于熵值法对区域创新环境的评价

3.2.2.1 指标体系及数据来源

区域创新环境囊括影响区域发展的多个方面因素，是一个综合的概念范畴。因此，本节将从金融、基础设施、市场、劳动者素质、创业和制度六个方面来构建区域创新环境的指标体系，旨在对区域创新环境予以更加全面的衡量，具体指标体系及数据来源如表3-9所示。

表3-9　区域创新环境指标体系及数据来源

环境变量	指标体系	数据来源
基础设施环境	互联网上网人数、公路和铁路里程、固定电话用户数、客运量和移动电话用户数	《中国统计年鉴》
金融环境	金融机构贷款余额、金融机构存款余额、金融业增加值	《中国金融年鉴》《中国城市统计年鉴》
市场环境	居民消费水平、人均固定资产投资额、进出口差额、一般公共预算支出	《中国统计年鉴》《中国城市统计年鉴》

环境变量	指标体系	数据来源
创业环境	私营企业和个体企业就业人数占总就业人数的比重、高新技术企业个数增长率	《中国人口和就业统计年鉴》《中国火炬统计年鉴》《中国科技统计年鉴》
劳动者素质环境	教育投资占 GDP 的比重、大专及以上受教育人口数、教育经费支出增长率	《中国教育统计年鉴》《中国统计年鉴》
制度环境	非国有经济职工人数占总职工人数的比重、非国有经济固定资产占全社会固定资产比重、政府科技投入占财政支出的比重、财政收入占 GDP 的比重	《中国科技统计年鉴》《中国火炬统计年鉴》《中国统计年鉴》《中国人口和就业统计年鉴》

注：指标体系根据中国区域创新能力评价报告及已有研究整理。

3.2.2.2 熵值法的基本原理

在综合评价系统中，熵值法是一种通过对指标体系中的指标来分配权重，进而判断研究对象重要性大小的客观赋权方法。自从信息熵的概念被引入信息论中后，熵的应用更加广泛，包括用于评价不确定性的大小。它的基本原理是基于评价指标体系，若某一个指标指代的内容越多，意味着相应的不确定性越小，其熵值也越小；反之则熵值越大。熵值可以表征评价研究对象蕴含的指标信息的价值性。根据杨明海等（2018）的研究，本节采用熵值法来测算我国30个省级空间单元的区域创新环境。

3.2.2.3 基本步骤

第一步，基于构建的创新环境指标体系的相关数据，构造原始指标数据矩阵，进一步运用熵值法对其权值进行赋值，原始数据矩阵形式见式（3-5）：

$$\begin{bmatrix} X_{11} & \cdots & X_{1m} \\ \vdots & \ddots & \vdots \\ X_{n1} & \cdots & X_{nm} \end{bmatrix} \tag{3-5}$$

第二步，对指标进行标准化。由于各个指标的类型和量纲单位不同，难以进行直接计算，需要消除不同的单位所带来的影响，因此必须对这些数据进行标准化。其中，正向指标表示取值越大，指标指代越好，负向指标表示取值越小，指标指代越好。本节中的创新环境指标均为正向指标，故应进行正向化处理，如式（3-6）所示：

$$Y_{ij} = \frac{X_{ij} - X_{min}}{X_{max} - X_{min}} \qquad (3-6)$$

第三步，根据式（3-5）的矩阵，计算出第 j 项指标中，第 i 个区域该指标值的占比，其中，n 代表区域的数量：

$$P_{ij} = \frac{Y_{ij}}{\sum\limits_{i=1}^{n} Y_{ij}} \qquad 0 \leq P_{ij} \leq 1 \qquad (3-7)$$

第四步，计算数据的比重矩阵 $P = (P_{ij})n \times m$，对第 j 项指标的熵值进行计算，其中，$k = \frac{1}{\ln n}$，如式（3-8）所示：

$$e_j = -k \sum_{i=1}^{n} P_{ij} \ln P_{ij} \qquad (3-8)$$

第五步，计算第 j 项指标的差异性系数，如式（3-9）所示：

$$d_j = 1 - e_j \qquad (3-9)$$

第六步，计算第 j 项指标的权重，如式（3-10）所示：

$$w_j = \frac{d_j}{\sum\limits_{j=1}^{m} d_j} \qquad (3-10)$$

第七步，计算综合熵值，如式（3-11）所示：

$$s_i = \sum_{j=1}^{m} w_j p_{ij} \qquad (3-11)$$

式（3-11）中，s_i 为第 i 个区域的创新环境综合评价值。

3.2.2.4 评价结果分析

本节在计算创新环境的评价值时，分别测算出金融环境、基础设施环境、市场环境、劳动者素质、创业环境和制度环境的综合评价值，并进一步采用六个表征创新单一环境变量的评价值作为基础数据测算出创新综合环境评价值。由于西藏、台湾、香港和澳门地区数据存在较多缺失，因此选取除前述四个地区以外的 30 个省份的数据展开研究。本书的研究对创新综合环境的评价分析主要侧重区域间的比较，分析我国东、中、西部地区和东北地区创新环境的差异性，评价计算的结果如表 3-10 所示。

表 3-10 全国 30 个省份创新综合环境评价值

年份 省份	2005	2006	2007	2008	2009	2010	2011	2012	2013	2014	2015	2016	2017	均值
北京	0.075	0.071	0.072	0.070	0.062	0.061	0.060	0.059	0.060	0.062	0.057	0.058	0.060	0.064
天津	0.041	0.041	0.039	0.039	0.036	0.032	0.030	0.033	0.032	0.034	0.029	0.030	0.037	0.035
河北	0.026	0.026	0.024	0.025	0.028	0.027	0.025	0.029	0.030	0.029	0.030	0.031	0.030	0.028
山西	0.021	0.026	0.023	0.023	0.021	0.022	0.021	0.022	0.021	0.020	0.021	0.020	0.062	0.025
内蒙古	0.018	0.020	0.018	0.018	0.017	0.020	0.020	0.015	0.028	0.016	0.018	0.017	0.066	0.022
辽宁	0.039	0.039	0.039	0.039	0.038	0.036	0.035	0.035	0.034	0.031	0.030	0.030	0.052	0.037
吉林	0.023	0.023	0.023	0.025	0.023	0.022	0.021	0.022	0.018	0.019	0.022	0.022	0.031	0.022
黑龙江	0.022	0.020	0.022	0.020	0.019	0.019	0.020	0.022	0.021	0.018	0.018	0.018	0.046	0.022
上海	0.070	0.073	0.078	0.074	0.064	0.060	0.058	0.057	0.053	0.056	0.056	0.058	0.022	0.060
江苏	0.054	0.061	0.064	0.067	0.062	0.066	0.066	0.064	0.063	0.063	0.076	0.062	0.082	0.065
浙江	0.059	0.060	0.060	0.058	0.056	0.055	0.052	0.050	0.052	0.051	0.049	0.049	0.023	0.052
安徽	0.026	0.025	0.028	0.028	0.030	0.031	0.028	0.033	0.032	0.033	0.031	0.034	0.038	0.031
福建	0.029	0.029	0.030	0.030	0.030	0.030	0.028	0.028	0.027	0.030	0.029	0.029	0.022	0.029
江西	0.021	0.023	0.024	0.024	0.021	0.024	0.027	0.027	0.027	0.028	0.027	0.020	0.020	0.025
山东	0.051	0.046	0.046	0.045	0.045	0.046	0.048	0.048	0.044	0.044	0.045	0.044	0.031	0.045
河南	0.030	0.034	0.031	0.029	0.030	0.031	0.033	0.033	0.033	0.034	0.031	0.033	0.023	0.031
湖北	0.027	0.027	0.028	0.028	0.053	0.053	0.053	0.056	0.057	0.059	0.058	0.059	0.026	0.045
湖南	0.026	0.025	0.026	0.028	0.026	0.027	0.026	0.026	0.027	0.026	0.027	0.028	0.022	0.026
广东	0.083	0.090	0.086	0.090	0.082	0.080	0.087	0.080	0.082	0.079	0.083	0.084	0.033	0.080
广西	0.020	0.026	0.021	0.021	0.021	0.024	0.022	0.021	0.021	0.022	0.042	0.022	0.033	0.024

续表

年份\省份	2005	2006	2007	2008	2009	2010	2011	2012	2013	2014	2015	2016	2017	均值
海南	0.016	0.020	0.018	0.019	0.017	0.024	0.026	0.023	0.019	0.019	0.024	0.021	0.027	0.021
重庆	0.024	0.024	0.027	0.030	0.026	0.030	0.029	0.032	0.031	0.031	0.029	0.032	0.031	0.029
四川	0.032	0.030	0.032	0.032	0.030	0.032	0.033	0.033	0.039	0.033	0.033	0.035	0.034	0.033
贵州	0.020	0.021	0.020	0.020	0.019	0.021	0.022	0.022	0.024	0.027	0.021	0.028	0.022	0.022
云南	0.024	0.025	0.022	0.022	0.020	0.025	0.023	0.024	0.024	0.023	0.022	0.025	0.023	0.023
陕西	0.025	0.023	0.025	0.027	0.025	0.026	0.026	0.027	0.025	0.025	0.025	0.024	0.023	0.025
甘肃	0.016	0.020	0.014	0.017	0.046	0.017	0.027	0.021	0.022	0.021	0.019	0.020	0.021	0.022
青海	0.038	0.026	0.020	0.020	0.021	0.026	0.024	0.024	0.019	0.030	0.016	0.023	0.022	0.024
宁夏	0.020	0.011	0.020	0.014	0.016	0.014	0.015	0.017	0.013	0.018	0.017	0.016	0.016	0.016
新疆	0.022	0.015	0.018	0.018	0.016	0.019	0.018	0.018	0.020	0.020	0.018	0.020	0.018	0.018

如表 3-10 所示，全国各区域创新综合环境水平的地域间差异性较大。从区域间的比较可以看出，北京、上海、广东、江苏、浙江等东部沿海地区的创新综合环境评价值遥遥领先于中西部地区和东北地区，其中，广东位列第一，江苏次之，北京居于第三位，上海其次。将各省份的区域创新综合评价值按照四大板块进行汇总，结果如图 3-2 所示。

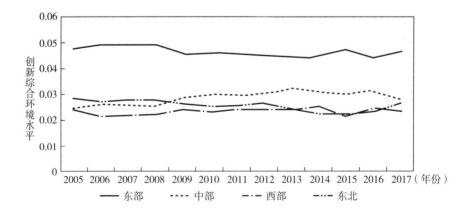

图 3-2　我国东、中、西部地区和东北地区创新环境综合水平比较

由图 3-2 可知,东部地区创新环境综合评价值明显高于中西部地区和东北地区,表明东部地区创新环境的总体发展水平要优于中西部地区和东北地区。除 2005 年外,中部地区创新环境综合值的平均水平基本上高于西部地区,可能的原因是中部地区在地理空间上与东部地区更邻近,在经济发展的过程中可以更直接地接受东部地区知识的辐射作用,在一定程度上优化了创新综合环境的建设。相对而言,西部地区的经济发展相对滞缓,且区位条件存在劣势,与其他发达地区进行创新交流的机会存在一定的空间距离障碍,因此创新综合环境的水平表现较低。从图 3-2 中发现,近年来中西部地区间的创新综合环境差距越来越小,表明近年来西部地区在国家区域经济政策与发展战略的影响下,经济水平和创新发展都有了较大的提高,逐渐追赶上中部地区的步伐。以 2008 年为分界,东北地区在这之前创新环境综合水平高于中西部地区,此后创新综合环境水平逐渐下降,慢慢向中西部地区靠拢(李艳婷,2020)。

3.2.3 区域创新环境的时空格局特征

3.2.3.1 区域创新环境的差异比较分析

借鉴闫实和张鹏(2019)的相关研究,本节通过测算我国创新综合环境的基尼系数和变异系数,对全国范围内创新综合环境水平的差异性进行研究,计算公式如式(3-12)与式(3-13)所示:

基尼系数通过对空间集聚情况的测度来表征我国创新综合环境的发展均衡状态,计算公式如式(3-12)所示(滕堂伟和方文婷,2017):

$$G = 1 + \frac{1}{n} - \frac{2}{n^2 \bar{y}}(y_1 + 2y_2 + 3y_3 + \cdots + ny_n) \qquad (3-12)$$

式(3-12)中,n 表示区域的数量;$\bar{y}$ 是创新综合环境的均值;y_1,y_2,$\cdots$,y_n 代表从高到低排序的区域创新综合环境值。通过计算,若基尼系数 G 值越小,意味着我国创新综合环境发展越离散;反之,则表明更加不均衡。

变异系数（$C \cdot V$）又称标准差率，主要用于归一化度量概率分布的离散程度，较多应用于由比率标量计算出来的数值。它可以在变异程度比较时，剔除数据的均值或量纲单位不同所产生的影响，弥补使用标准差时的不足，计算公式见式（3-13）：

$$C \cdot V = \frac{标准偏差 SD}{平均数} \qquad (3\text{-}13)$$

本节通过对我国 30 个省级空间单元 2005～2017 年创新综合环境的标准差、变异系数和基尼系数进行计算，来比较分析我国各省份创新综合环境的差异性情况，计算结果如表 3-11 所示。

表 3-11　2005～2017 年我国各省份综合创新环境差异

年份	标准差	变异系数	基尼系数
2005	0.0178	0.5330	0.2684
2006	0.0187	0.5600	0.2637
2007	0.0189	0.5675	0.2708
2008	0.0189	0.5672	0.2684
2009	0.0173	0.5178	0.2240
2010	0.0163	0.4897	0.2331
2011	0.0166	0.4969	0.2194
2012	0.0158	0.4754	0.2218
2013	0.0159	0.4769	0.2125
2014	0.0158	0.4749	0.2226
2015	0.0172	0.5175	0.2092
2016	0.0162	0.4850	0.2153
2017	0.0159	0.4757	0.2395

由表 3-11 可以看到，2005～2017 年，标准差从 2005 年的 0.0178 下降到 2017 年的 0.0159，下降了 10.67%，间有波动但是总体呈现下降的趋势，显示

我国各省市间创新综合环境的绝对差异在逐渐减小；变异系数从2005年的0.5330下降到2017年的0.4757，变异系数下降了10.75%，基尼系数从2005年的0.2684下降到2017年的0.2395，基尼系数下降了10.77%，变异系数与基尼系数的下降表明我国各省市间创新综合环境的相对差异逐渐减小。总体来看，研究期内我国各省级空间单元之间的创新综合环境的绝对差异和相对差异均较小，创新环境水平逐渐趋于均衡发展的态势。

3.2.3.2 区域创新环境空间分析

具体分析我国各省份区域创新综合环境的变化，2005年创新综合环境水平最高的省份均位于我国的东部沿海地区，北京、上海、浙江、广东4省份创新综合环境优于其他省份；天津、辽宁、江苏、山东、四川和青海居于次高值区域，表明上述6个东部省份和四川、青海以及辽宁形成了创新综合环境高值集聚，东部省份中仅福建和河北处于一般值区域，海南则处于较低值区域；中部地区均处于一般值区域；除四川、云南、陕西和新疆外，西部地区创新综合环境均形成低值集聚。东北地区中，辽宁位于较高值区域，吉林和黑龙江均处于一般值区域。区域创新综合环境总体呈现出东高西低的分布状态，东部地区的创新综合环境发展最为优越，其次是东北和中部地区，西部地区居末位。

2009年，北京、上海、江苏、广东仍位于最高值区域，江苏创新综合环境水平较之前有较大的提升，跃升至最高值区域；辽宁、浙江、山东、湖北、甘肃、天津6省份位于次高值区域，可以看出东部地区基本形成高值集聚；除山西、江西外，中部省份均处于一般值和较高值区域；西部地区除甘肃处于较高值区域外，重庆和四川处于一般值区域，其他地区形成低值集聚，部分省份创新综合环境有所下降；东北地区中，吉林和黑龙江下降到较低值区域。从总体来看，创新综合环境仍然呈现东高西低的分布状态，且中西部地区的环境水平总体上有所下降。

2013年，江苏和广东依然领跑全国，优于其他省份。北京、上海、浙江、山东和湖北位于次高区域，其中，北京和上海有所下降，东部其他省份未能形成高值集聚；中部除山西位于较低值区域外，其他均处于较高值和一般值区域；西部地区中除宁夏处于最低值区域外，其他地区基本处于较低值区域，新疆在此期间也上升到较低值区域；在东北省份中，辽宁下降到一般值区域。总体来看，东部和中部地区的省份创新综合环境水平发展较为平缓，西部地区的省份则出现较为明显的上升趋势，而东北地区下降趋势较明显。

2017 年，北京、上海、江苏、浙江和广东地区稳居最高值区域；山东、天津、河北、福建、辽宁、安徽、河南、湖北、重庆和四川位于较高值区域，除海南和广西处于低值集聚外，东部省份均处于高值集聚；与之前时期相比，中西部地区有较多的省份跃升至高值集聚区，因此处于高值区域的省份数量较之前有了较为显著的增多；中部地区的山西仍处于较低值区域；除四川和重庆位于较高值区域外，西部其余省份创新综合环境值均处于低值区域；东北地区中辽宁回升到较高值区域，吉林和黑龙江下降到最低值区域。由此可见，东中西部地区的各省份创新综合环境水平未发生显著的变化，东北地区出现了较为明显的波动。

通过对我国各地区 2005 年、2009 年、2013 年、2017 年的创新综合环境的发展水平进行观察，可归纳出两点结论：一是总体上我国创新综合环境水平存在一定的区域差距，呈现东高西低的发展态势，东部省份远远优于中西部地区和东北地区；二是东中西部地区环境发展较为平缓，东北地区波动较大（李艳婷，2020）。

从我国区域创新产出的空间分布与区域创新环境的空间格局来看，我国的创新发展存在较为一定的区域不平衡现象，这种创新发展的空间差距对于区域协同创新以及我国创新驱动发展战略的整体实施带来了一定的困难。在我国新一轮发展的稳增长、转方式、调结构中，尤其是在当前以国内大循环为主体、国内国际双循环相互促进的新发展格局下，塑造合理的区域创新空间格局具有重要意义。一方面，合理的区域创新空间格局有助于实现经济发展模式从传统的要素投入与资源能源驱动转向以科技创新驱动，实现增长方式的转变、产业结构的优化调整；另一方面，合理的区域创新空间格局是建设创新型国家，实现我国整体经济高质量发展的基本前提与保障。

4 我国区域创新的空间效应分析

根据前文的分析，区域创新存在一定的空间效应，产生这种空间效应的原因主要在于区域之间存在较多的来自要素流动、知识流动、产业转移等的空间关联互动。

要素是实现经济发展和创新发展必需的资源，传统生产要素包括劳动力要素、资本要素、土地要素，新兴的生产要素包括数据要素与创新要素。随着科学技术的发展，数据要素和创新要素对于生产发展的重要性日益显现。数据要素随着数字经济的发展逐渐进入大众视野，是打造数字中国和发展数字经济的必备资源，由于统计数据相对年限较短，因此未纳入本书的研究范围。创新要素是创新发展的核心，是落实创新驱动战略，实现产业结构优化调整的关键资源（张营营和高煜，2019）。以创新驱动我国高质量发展尤其依赖于创新要素，其高知识附加值的特性成为我国创新驱动发展的关键要素，创新要素的流动与集聚成为我国区域创新能否高质量发展的关键。因此，本节对区域创新的空间效应分析，主要围绕劳动力要素流动、产业转移与创新要素流动（知识流动）展开。在研究过程中，由于数据可获性等原因，以制造业从业人员份额的变动表征传统劳动力要素的流动状况，以研发人员、研发资本等创新要素流动以及区域间的知识溢出来表征知识的流动。国际产业转移通常采用对外直接投资等来间接测度，如 Borensztein 等（1995）和 Jansen（1995）等的研究，由于本书的研究对象是国内省级层面，而各省之间缺乏省际直接投资的数据统计，因此实际研究中，通过构建产业转移公式，以各地区的产业产值相对变化来表征省际产业转移的大小与方向。

4.1 要素流动

4.1.1 要素流动的测度

由于缺乏直接的统计数据来衡量区域间的要素流动，本节以劳动力要素为代表，构建劳动力要素流动的测度公式，利用各地区制造业人数占全国制造业人数的比重变化来分析我国劳动力要素流动的方向及特征。

本节定义区域 i 在 t 时期内的劳动力要素流动为 HT_{it}，其具体计算公式如式（4-1）所示：

$$HT_{it} = (HUM_{it}/HUM_t - HUM_{i,t-1}/HUM_{t-1}) \tag{4-1}$$

式（4-1）中，HUM_{it} 为区域 i 在 t 时期的制造业总人数，HUM_t 为 t 时期全国的制造业总人数，$HUM_{i,t-1}$ 为区域 i 在 $t-1$ 时期的制造业总人数，HUM_{t-1} 为 $t-1$ 时期全国的制造业总人数。

若计算结果 $HT_{it}>0$，则表明区域 i 在 t 时期存在劳动力要素流入；反之则存在劳动力要素流出。HT_i 为区域 i 从期初至 t 时期累积的劳动力要素流动情况，若 HT_i 大于零，则表明 i 地区该时间段内表现为劳动力要素流入；若 HT_i 小于零，则表明 i 地区该时间段内表现为劳动力要素流出。

4.1.2 我国劳动力要素流动概况

本节选取 2005~2016 年我国 30 个省级空间单元的制造业数据，数据来源为 2006~2017 年《中国工业统计年鉴》，其中西藏因数据缺失严重予以剔除。利用式（4-1）计算 HT_i，用来表示我国各地区在 2006~2016 年的劳动力要素流动情况，结果如图 4-1 所示。

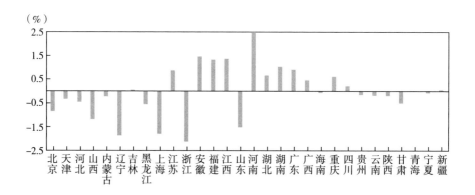

图 4-1　2006~2016 年我国各地区劳动力要素流动

由图 4-1 可知，河南、安徽、江西、福建、湖南、广东、江苏、湖北、重庆、四川、广西等地存在明显的劳动力要素流入，而北京、天津、上海、浙江、贵州、云南、陕西、内蒙古、河北、甘肃、黑龙江、山西、山东、辽宁则有明显的劳动力要素流出，其余省份的制造业劳动力要素总流动不太明显。北京作为我国的首都，随着我国国力的不断强盛和经济实力的不断发展，其非首都功能正在逐渐疏解至其他地区，大量制造业向外转出，因此制造业从业人员也在不断减少。而天津、上海和浙江作为我国的新兴经济重心，已经完成了工业化，同时进行制造业转型升级，发展重心开始向服务业不断转移，因此制造业从业人数也开始大量流失。山东、山西、甘肃、内蒙古、黑龙江和辽宁均处于制造业新旧交替的战略阶段，因此在十年间存在从业人员流入和流出并存的现象，但总体上看仍表现出劳动力要素流出现象。作为相对发达的广东、江苏、四川和重庆，正处于动能转换、大力发展制造业的重要时期，因此大量涌入制造业从业人员，呈现劳动力要素流入现象。大多数中部地区其他省份也较多呈现劳动力要素流入现象，主要是由于其承接了大量邻接区域的制造业，由此吸引了大量制造业从业人员。

4.1.3　我国劳动力要素流动的分区域分析

前文的分析基于 2006~2016 年各地区的加总劳动力要素流动情况进行研究，而实际上各个地区的劳动力要素流动情况在不同年份的表现有一定差异，因此将各地区劳动力要素流动情况进行逐年列示分析。利用式（4-1）计算各地区的 HT_{it}，并将其划分为东部、中部、西部和东北四大区域，具体来看各地区的劳动力要素流动情况，结果如图 4-2 所示。

如图 4-2 所示，东部地区的发达地区，如北京、天津、上海、浙江、江苏、海南等地，基本上自 2009 年之后开始持续表现为劳动力要素流出，其主要原因是产业转型升级，传统制造业不断转出以及服务业的快速发展，进而导致制造业人员大量流失。广东、山东、福建和河北等地区，则处于劳动力要素流入和劳动力要素流出交替并存的现象，既大力发展新型制造业，同时也在淘汰相对夕阳化的产业，因此东部地区的流动趋势线在零线上下波动。

中部地区各省份的流动趋势线则大多处于零线以上，这标志着中部的省份一直在吸引劳动力要素的流入，这与中部地区承接东部地区的产业转入相关。唯独山西一直处于劳动力要素流出的情况，其原因是山西的主导产业为煤炭相关产业，而随着环境规制政策的不断加强，山西的主导产业产值逐渐下降，因此相关劳动力要素流动呈现流出现象。

区域创新的驱动机制与空间效应

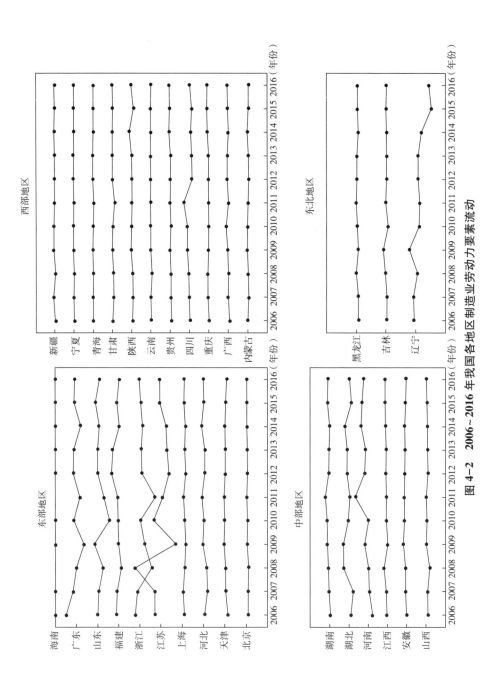

图 4-2 2006~2016 年我国各国各地区制造业劳动力要素流动

· 62 ·

西部地区的劳动力要素流动趋势线一直紧贴着零线附近，劳动力要素流动量并不大。四川、内蒙古、云南都表现为劳动力要素流出现象，其原因各有差异，四川在西部地区而言，属发展相对发达的省份，近年来大力发展服务业，吸引了一批有实力的服务业企业入驻，对制造业的发展有所减缓，甚至将制造业转移出去，因此导致劳动力要素流入不足。而内蒙古凭借其独特的资源优势，大力发展纺织业和服装业，同时以采矿业为基础的相关器械制造业也是发展的重点，但同山西一样，随着可持续发展和环境规制强度的不断提高，内蒙古的部分产业发展受到影响，2012年开始表现出劳动力要素流出的情况，且一直持续。云南的支柱产业是旅游业和烟草业，制造业相对滞后，因此制造业从业人员在不断流出。广西、重庆、贵州、青海、新疆等地则呈现劳动力要素流入现象。广西毗邻发达省份广东，重庆、青海和贵州则紧邻四川，这都导致其承接了一些来自广东和四川的制造业，从而导致劳动力要素不断流入。新疆属于欠发达地区，近年来在大力发展制造业，正在逐步形成"新疆制造"集群格局，因此引进了大量劳动力要素，劳动力要素流入不断增强。陕西、甘肃和宁夏一直处于劳动力要素流入和流出交替变化的现象，这些地区发展水平并不突出，也在积极探索更多元化的地区发展政策，因此其劳动力要素流动存在波动。西部地区各省份的劳动力要素流动情况十分复杂，但其上下浮动的区间相对较小，这表示西部地区的劳动力要素流动量并不大。

东北三省的劳动力要素流动情况基本呈现劳动力要素流出的现象，其中辽宁的劳动力要素流出情况最为严重。东北三省作为我国十分重要的工业基地，制造业的发展在全国也占有一定地位，但从制造业细分行业的角度来看，东北三省是以资源密集型产业为主，因此相关产业的生命周期已经处于成熟期甚至是衰退期，从业人员也相应不断减少，表现为劳动力要素流出严重。

4.2 产业转移

4.2.1 产业转移的测度

本书的研究借鉴冯根福等（2010）的方法，利用各地区相应产业增加值或总产值占全国产业增加值或总产值的比重变化来测度我国的产业转移，进而研究其方向与特征。由于各统计年鉴已不再统计产业增加值，故本节选择各产业总产值占全国该产业总产值的份额变化来分析。

本书的研究定义区域 i 在 t 时期内的产业转移为 IR_{it}，其具体公式如式（4-2）所示：

$$IR_{it} = (TOV_{it}/TOV_t - TOV_{i,t-1}/TOV_{t-1}) \tag{4-2}$$

其中，TOV_{it} 为区域 i 在 t 时期的总产值，TOV_t 为 t 时期全国的总产值，$TOV_{i,t-1}$ 为区域 i 在 $t-1$ 时期的总产值，TOV_{t-1} 为 $t-1$ 时期全国的总产值。

式（4-2）通过各地区的产业产值的相对变化来衡量产业转移，但没有考虑到各地区间自身存在的客观上的经济水平的不同，即该地区产业产值占全国比重的变化，可能是由于其自身经济变动的影响。因此，本书的研究在式（4-2）的基础上，加入各地区经济发展水平占全国的比重，以此消除区域自身经济发展对产业转移变化的影响，调整后的公式如式（4-3）所示：

$$IR_{it} = \left(\frac{TOV_{it}/TOV_t}{ES_{it}/ES_t} - \frac{TOV_{i,t-1}/TOV_{t-1}}{ES_{i,t-1}/ES_{t-1}} \right) \tag{4-3}$$

改进后的式（4-3）中，IR_{it} 为产业转移指数，ES_{it} 为区域 i 在 t 时期的经济规模，ES_t 为 t 时期全国的经济规模，$ES_{i,t-1}$ 为区域 i 在 $t-1$ 时期的经济规模，ES_{t-1} 为 $t-1$ 时期全国的经济规模，此处，经济规模以 GDP 来表征。若 $IR_{it}>0$，则表明区域 i 在 t 时期存在产业转入；反之则转出。IR_i 为区域 i 从期初至 t 时期累积的产业转移情况，若 IR_i 大于零，则表明 i 地区该时间段内表现为产业转入，若 IR_i 小于零，则表明 i 地区该时间段内表现为产业转出。

4.2.2 产业转移的总体情况

本节选取 2006~2016 年我国 30 个省级空间单元的制造业数据，数据来源为 2007~2017 年《中国工业统计年鉴》，其中西藏因数据缺失严重予以剔除。利用式（4-3）计算 IR_i，用来表示我国各地区在 2006~2016 年的产业转移情况，结果如表 4-1 和图 4-3 所示。

表 4-1 2006~2016 年我国各地区制造业产业转移情况

地区	产业转移	地区	产业转移	地区	产业转移
北京	-0.3879	浙江	-0.3884	海南	-0.1774
天津	-0.4254	安徽	0.5170	重庆	0.2695
河北	0.1442	福建	0.1492	四川	0.1620
山西	-0.2773	江西	0.6126	贵州	0.0187
内蒙古	-0.0405	山东	0.2182	云南	-0.2287
辽宁	-0.5105	河南	0.6072	陕西	0.0477
吉林	0.2435	湖北	0.2730	甘肃	-0.2693
黑龙江	-0.0082	湖南	0.2797	青海	0.1000
上海	-0.6548	广东	-0.1244	宁夏	-0.0927
江苏	-0.1057	广西	0.3380	新疆	0.0382

由表 4-1 和图 4-3 可知，以制造业产值份额变动为表征的产业转移中，北京、天津、山西、内蒙古、辽宁、黑龙江、上海、江苏、浙江、广东、海南、云南、甘肃、宁夏的制造业均存在转出现象。北京作为我国的政治、经济、文化中心，近年来逐渐将非首都功能疏解至邻近的河北和天津等地，同时

优化其产业结构，从而产生大量制造业向外转移，服务业逐步取代了制造业的份额。而天津、上海、江苏、浙江和广东作为我国的新兴经济重心，已经完成了工业化，进而开始进行制造业转型升级，发展重心从比较优势日益薄弱的传统制造业中转向新型服务业，从而导致制造业的不断转出。东北三省的情况却各不相同，辽宁存在大量转出，吉林存在产业转入，黑龙江则基本保持在原有水平上，可知虽然东北三省在国家总体战略制定上处在同一阵营，但各省份由于自身的发展需求和要素禀赋不同而存在不一样的产业转移现状。而山西、内蒙古、甘肃、宁夏等地，处于制造业新旧交替的战略阶段，由于其对产业的转型升级的方向尚不明确，同时已经对部分旧产业进行产能淘汰，所以存在制造业转出的现象。而中部地区其他省份则较多呈现产业转入现象，主要是承接了其附近地区的产业转出。

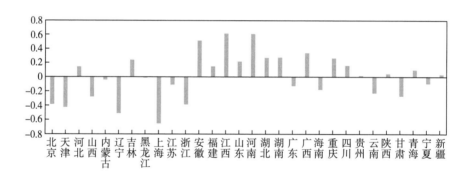

图4-3　2006~2016年我国各地区产业转移情况

4.2.3　我国产业转移的分行业分析

为更好地对制造业转移进行分析，本节参考原嫄等（2015）的研究，将我国制造业划分为劳动密集型、技术密集型和资本密集型。其中，剔除部分因统计时间较短，数据缺失的行业如皮革等制品和制鞋业、家具制造业、橡胶制造业、废弃资源综合利用业等。同时，将"汽车制造业"和"铁路、船舶、航空航天和其他运输设备制造业"合并为"交通运输设备制造业"，如表4-2所示。

表4-2　制造业分类情况

产业类型	具体包含行业
劳动密集型	农副食品加工业，食品制造业，酒、饮料和精制茶制造业，烟草制造业，纺织业，纺织服装服饰业，造纸和纸制品业
资本密集型	石油、煤炭及其他燃料加工业，化学原料和化学制品制造业，化学纤维制造业，非金属矿物制品业，黑色金属冶炼和压延加工业，有色金属冶炼和压延工业，金属制品业，通用设备制造业，专用设备制造业
技术密集型	医药制造业，交通运输设备制造业，电气机械和器材制造业，计算机、通信和其他电子设备制造业，仪器仪表制造业

利用式（4-3）计算我国三类制造业的转移情况 IR_i，结果如图4-4所示，表明2006~2016年不同类型制造业产业转移的情况。

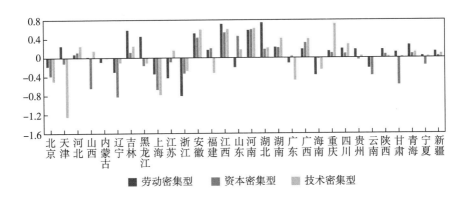

图4-4　2006~2016年我国各地区分类型制造业转移情况

从图4-4可以看出，不同类型产业的转移表现出明显的差异，从劳动密集型产业来看，东部沿海的省份基本上存在产业转出。而产业转入地区大多分布在长江流域中段和黄河流域中段，这一区域劳动力充足，因此吸收了大量的劳动密集型企业。其中河南、湖北和江西是转入最多的区域，这三个省份拥有众多的人力资源，也是我国重要的农业生产基地，其主要产业是需要大量劳动力资源的食品加工业和纺织制造业。除此之外，吉林和安徽也承接了较多劳动密集型产业的转入。

从资本密集型产业看，东北地区、京津地区和长三角地区该类型产业大量转出，而北部和中部地区因其石油化工、机械制造产业的发展，成为资本密集型产业的转移去向。同时，国家制定的区域发展战略也推动资本密集型产业的不断转移。山东和河北依托其经济区的建设，吸引了众多资本密集型产业入驻，而这些产业大多是来源于京津地区。以河南和安徽为代表的中部地区就借助"中部崛起"战略的红利，承接了长三角地区的相关产业，逐渐建立起在通用设备和专用设备制造业的较强影响力。另外，中部地区也汇聚了众多高校和科研机构，为重化工业的发展和转型构建良好的基础，较为适合承接资本密集型产业。

在技术密集型产业领域，由于其对从业人员专业知识和技能、基础设施条件、相应政策和宏观环境的要求较高，转移趋势更倾向于由一线发达地区转移至次发达地区。从数据看，天津、上海、北京、广东、福建为产业转出前五的地区，而重庆、河南、江西、安徽、湖南作为次发达地区或邻近发达省份的区域，承接了大量的技术密集型产业。

将三类产业的各省总产值份额导入，以表征我国产业转移的空间格局。从劳动密集型产业总产值分布看，2006年各省劳动密集型产业分布差异不大，其中四川、山东、江苏、浙江和广东汇聚了较多的劳动密集型产业。随着产业转移的发生，整体的分布格局变化不大，但产值有了显著增加。劳动密集型产业正在由东部沿海向中部地区发散转移，而承接劳动密集型产业的主要省份包括河南、湖北、湖南、安徽、江西等地。预计未来劳动密集型产业应会从中部地区向长江上游继续转移。

从资本密集型产业总产值分布看，10 年间产业的布局变化较小。其中，河北、山东、浙江、广东等地区始终贡献了大量的产业产值，而河南和湖南吸引了大量资本密集型产业，开始在全国崭露头角。从分布演变来看，未来资本密集型企业会向中部地区继续渗透，同时西部一些省份的发展势头也在日益增强。

从技术密集型产业总产值分布看，整体上我国技术密集型产业的总产值相对较小，属于尚未完全发展起来的产业。2006 年技术密集型产业主要集中在东部沿海地区，以浙江、江苏、上海、广东为龙头。随着我国科技的不断提升，技术密集型产业也随之迅猛发展，并已经开始向中西部地区扩散，2011年产业已广泛分布于各个省份。2016 年，湖北、安徽、河南四川等地技术密集型产业已有较大的规模。预计未来我国技术密集型产业会收缩于中部各省份，同时向长江上游地区扩散发展。

4.2.4 我国产业转移的分区域分析

前文的分析基于 2006～2016 年各地区的加总转移情况进行研究，而实际上每个地区本身的产业转移情况逐年表现各不相同，因此本节将各地区每年的产业转移情况进行列示分析。利用式（4-3）计算各地区的 IR_{it}，并将其划分为东部、中部、西部和东北四大区域，具体来看各地区的产业转移情况，结果如图 4-5 所示。

如图 4-5 所示，东部地区的较发达省份，如海南、广东、浙江、江苏、上海、天津、北京等地，基本上每年都有制造业转出，这是由于产业转型升级、大中型制造业不断向外迁移、服务业迅速崛起的原因。相比较看，山东等地区则一直存在着产业制造业转入的情况，而以福建和河北为主的中等发达地区，

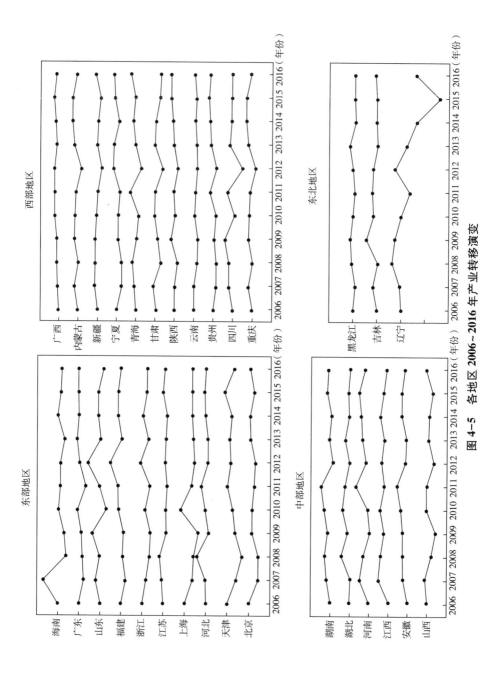

图 4-5 各地区 2006～2016 年产业转移演变

一直在寻找着最适应自身发展的道路,既承接部分东部发达地区的制造业转入,同时也减少自身一些产能落后制造业的产值,甚至淘汰,从而导致产业转入和转出并存,因此其演变折线在零线上下波动。

中部地区各省份的演变折线则大多处于零线以上,这与中部地区承接较多东部发达地区的产业转入有关。山西作为以煤炭及其相关产业为主导产业的资源大省,在近年来普遍降低不可再生能源开采率及加强环境规制的大背景下,产业转移持续表现为转出现象,也就不足为奇了。

西部地区的情况相对较为复杂,与通常认为的西部偏落后地区应该持续接受产业转入不同,西部的相对发达地区如四川、重庆和陕西等地,产业多呈现出转入现象,而其他较落后地区是产业转入和转出现象交替出现。究其原因,四川、重庆等地由于其发展水平较高、政策红利较多、劳动力价格相对较低,导致大量制造业选择其作为落脚地,甚至大量东部地区的大型企业也会在这里设置分部,以降低其成本。而其他地区能吸引到的制造业相对较少,同时也会出现大量劳动力外出务工,导致劳动密集型企业难以在这些地区扎根,从而影响整个制造业的产业转移情况,甚至导致以甘肃、宁夏、云南为代表的省份一直处于产业转出的情况。但是,内蒙古和广西作为欠发达地区,产业转移一直处于转入状态,内蒙古依赖其资源优势,大力发展以纺织业、服装业及化学原料及制品等行业,同时以采矿业为基础的相关器械制造业也是发展的重点,但随着可持续发展和环保要求的不断提高,内蒙古开始进行部分产业的重新定位,使2010年开始出现产业转出的现象,并持续表现为波动现象。广西则是由于地理位置偏向中部,且邻接广东这一发达大省,导致其承接了一些来自广东的制造业,从而导致其呈现产业转入现象。

东北三省的产业转移情况各不相同,黑龙江一直呈现着产业转入与转出交替发生的情况,但规模都不是很大;辽宁在2007~2010年处于产业转入的阶段,但在2010年后出现大规模的产业转出;吉林则基本保持着微弱的产业转入的情况。由此可以看出，虽然东北三省一直处于同样的国家发展战略支持下，但各省份自身的发展现状各有不同。辽宁是东北三省中区位条件相对优越的省份，与日本、朝鲜、韩国隔海相望，是重要的对外接口。辽宁的经济相对较为发达，因此产业的发展也较为成熟，为优化调整产业结构，辽宁在2010年后出现了以资本密集型产业为主力的大规模产业转出。而吉林和黑龙江，由于独具特色的黑土地资源，一直是我国重要的粮食生产基地，因此吸引了大量以食品加工和制造业为主的企业的转入。同时，哈长城市群发展规划的提出、吉林省人民政府对产业转移的重视程度，也对吉林的产业转入起到了更大的促进作用，因此吉林相对黑龙江承接了更多的产业转移（施晓丽和林晓健，2021）。

4.3　创新要素流动

创新要素流动对于提升流入、流出地的创新水平与创新质量有显著影响，是优化区域创新资源配置，推动全要素生产率增长，重塑区域创新发展格局的关键影响因素。创新要素携带更多的知识和技术，更容易克服地理距离的限制，其空间溢出效应会显著促进区域创新发展（Montobbio and Sterzi，2013）。除此之外，创新要素的空间流动导致特定时段、某一区域的创新资源禀赋条件发生变化，进而引发区域创新能力和创新绩效的动态演变。在循环累积因果机制的影响下，创新要素流向创新资源禀赋条件较好的区域，导致"创新资源集聚—创新能力提高—创新资源再集聚"的良性正向强化循环，在某种程度上扩大了区域间的创新差距，并影响了区域创新的总体空间格局（卞元超等，2020）。创新要素流动是资源自发性的优化配置的过程，其流动还会受到诸多社会经济因素的影响，本节将从创新人员要素流动、创新资本要素流动以及知识溢出三个方面进行分析。

4.3.1 创新人员要素流动

创新人员要素在空间上呈现为相关性，具体体现在其空间流动性上，其空间效应会对区域创新产出表现出显著影响，且影响的程度和方向会随着区域的不同而有所不同，即区域的空间异质性会影响创新人员要素流动的作用方向和力度（方远平和谢蔓，2012）。刘备和王林辉（2020）的实证分析结果也同样表明创新要素流动在空间上呈现出溢出和异质性特征，异质性主要表现为在东中部地区的集聚和西部、东北地区的流出；基础设施建设、市场化程度均可以正向激励创新要素流动对区域内以及区域间创新能力提升的影响，故应针对区域实际情况实施不同的创新政策，以提高创新效率。从产业的角度出发，吴福象和沈浩平（2013）认为，创新人员要素的流动有助于城市群产业分工的合理化，并产生促进其他创新要素流动的正外部性，加速知识溢出。创新人员要素流动是形成人才产业双向互动、产业协同以及要素集聚规模效应与外部性的重要前提。李婧和产海兰（2018）从创新人员要素流入和流出的角度，分别探究了要素流动与区域创新绩效之间的关系，结果表明创新人员要素流入将促进区域创新，而创新人员流出则产生抑制作用，并且要素流入的内溢效应要强于外溢效应。

4.3.1.1 创新人员要素流动的测度

创新人员要素流动的测度借鉴王钺等的做法（王钺和刘秉镰，2017），采用引力模型，其测度公式如式（4-4）所示：

$$rpfl_{ij} = \ln rdl_i \cdot \ln Wage_j \cdot R^{-2} \tag{4-4}$$

其中，$rpfl_{ij}$ 为从 i 区域到 j 区域的创新人员流动量；rdl_i 为 i 区域的 R&D

人员全时当量；$Wage_j$ 为 j 区域的城镇单位职工平均工资；R 表示两区域省会城市之间的地理距离。

4.3.1.2 创新人员要素流动基本概况

依据式（4-4），计算得到 30 个省级空间单元 2006~2019 年的创新人员要素流动量矩阵（30×30）。将各行相加即为该省份当年的创新人员要素总流入；各列相加即为该省份当年的创新人员要素的总流出。并根据公式：创新要素净流入＝总流入-总流出，可求得各省份逐年的创新要素净流入数据，其逐年变动趋势如图 4-6 所示。

从东部地区看，北京、广东、山东、江苏、浙江、河北和福建各年的创新人员要素净流入均为正值，而上海、天津和海南则为负值。上海的创新人员流动量居于全国前列，在凭借优秀的基础设施和资源的条件下吸引大批优质劳动力流入的同时，也因为区域一体化、激烈的人才竞争、周围核心城市的崛起等原因，创新人才大量流出，总体上呈现出净流入为负的特征；天津邻接北京，处于环渤海地区和东北亚的核心重要地区，具有疏解北京首都功能和辐射带动周围城市发展的双重功能，在两种功能的共同作用下总体上表现为逐年为负；海南旅游业发达，在工资和房价的影响下，本地人才更多的是往广州、深圳等地寻求更广阔的发展机会，虽然 2016 年出现"海南热"，但是相较于我国的京津冀、长三角地区而言相对落后，加上自身创新基础相对落后，巨大的人才流出量抵消了流入量，整体上仍表现为净流入为负，即存在量的创新要素外溢。其余省份净流入为正：一是因为位于三大都市圈，对创新人才具有较强的吸引力；二是具有巨大的人才市场、优惠政策和适宜的环境。

从中部地区看，河南、湖南和湖北形成了中部崛起的重要支撑，形成了对创新要素的强大吸引力；山西，作为我国的煤矿大省，前期依靠自身能源开采等传统行业积累了一定财富，同时也造成了当今环境恶化、产业转型升级困难的弊端，人才大量流向其他地区；工资收入高、交通便捷、环境舒适的长三角

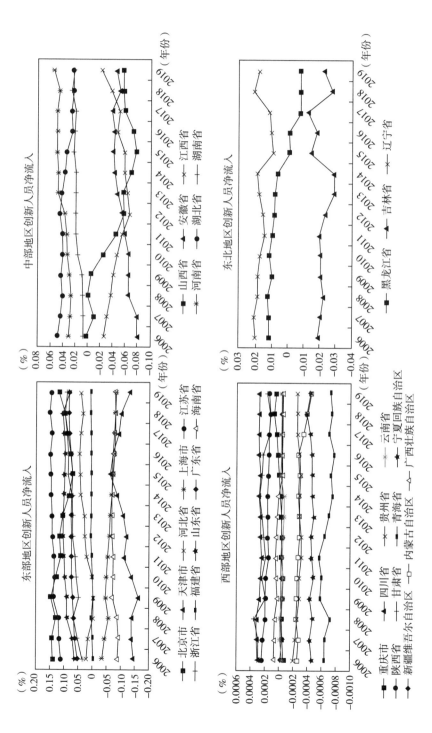

图 4-6　2006~2019 年我国各地区创新人员要素流动

大都市圈吸引了大量的江西创新人才，导致人才严重流失；安徽也紧追创新驱动大发展潮流，从图4-6中也可以明显看出，净流入逐年递增，但是创新净流入仍为负，可能的原因包括安徽具备创新人才消化的城市太少，主要集中在合肥，紧挨长三角地区，虹吸效应带走了本地的创新人才。其余三个省份，近些年发展迅速，形成了长江中游城市群、中原城市群等，是中部崛起战略实施的目标区域，除此之外，郑州、武汉还建立了国际性综合交通枢纽，交通便利，突出的战略地位促使人才流入以寻求更多的发展机遇。

从西部地区看，四川、重庆、陕西、甘肃净流入为正；据智联招聘和恒大研究院联合发布的《中国城市人才吸引力报告：2020》，成都和重庆分别列全国最具吸引力城市100强的第7位、第11位，但是在薪资水平低、制造业发展不足等背景下，造成了在吸引创新人才的同时，也留不住人才的困境，与东中地区相比，净流出水平处于较低水平。陕西作为西北地区第一人口大省，创新人才政策和宽松的户籍政策初见成效，成为吸引和留住人才的重要条件；甘肃的净流入呈现出逐年降低的趋势，一个很重要的原因是在贸易经济为主、消费品工业为王的时代，甘肃的工业主要产品仍然局限于石油、原煤、钢铁和炼化等原材料以及化工材料，产业结构低端化，加上宝兰高铁、兰新高铁的开通，更是加速了人才流失的趋势。贵州、内蒙古、青海和宁夏等均为负，地理优势和创新基础的劣势均使在人才引进大战中，处于不利地位。

从东北地区看，辽宁逐年净流入均为正值，黑龙江的净流入逐年降低并最终达到负的净流入，吉林净流入为负。在数字经济时代，东北地区产业结构转型缓慢，仍以资源型、重工业为主，营商环境、生态环境等软实力也处于全国落后地位。从图4-6可以看出，辽宁净流入为正，但相对其他地区较低，可能的原因是辽宁位于环渤海地区，在交通建设、海湾经济建设等方面均相对于其他两省更具优势。

4.3.2　创新资本要素流动

Kaiser 等（2015）认为，创新人员要素的空间流动能促进知识溢出和区域间转移，对创新水平的提升有显著的正向影响。但是产生这种影响的一个很重要的原因是创新人员的流动通常伴随着创新资本的流动，创新人员大量流入并形成集聚的区域更容易吸引资本的流入，以寻求更大的可获利机会。冯南平和魏芬芬（2017）从分析创新要素流动的影响因素的角度分析，认为创新环境、创新投入和创新效率是促进创新要素跨区域流动的主要原因，通过改善区域创新环境、增加创新投入和提升创新效率的方式，可以起到推动创新要素在区域间加速流动的作用，由此促进区域的创新发展。邵汉华和钟琪（2018）认为，完善的金融环境有利于创新要素流动和由此引发的协同创新，政府支持在此过程中发挥了重要作用，适度支持能够充分激发区域协同创新潜力，而过度支持会因要素流动导致的资源过度集中而反过来挤出私人投资，降低创新效率，因此，应注意避免创新资本要素流动陷入"高水平陷阱"，通过金融环境和政府手段进行适度调节，以充分发挥其促进协同创新和区域创新的推动作用。

4.3.2.1　创新资本要素流动的测度

创新资本要素流动的测度借鉴王钺等的做法（王钺和刘秉镰，2017），采用引力模型，其构建公式如式（4-5）所示：

$$rcfl_{ij} = \ln rdk_i \cdot \ln Rate_j \cdot R^{-2} \tag{4-5}$$

式（4-5）中，$rcfl_{ij}$ 为从 i 区域到 j 区域的创新资本流动量；rdk_i 为 i 区域的 R&D 资本存量；$Rate_j$ 为 j 区域的企业平均利润率；R 表示两区域省会城市之间的地理距离。

4.3.2.2　创新资本要素流动基本概况

创新资本要素流入的测度如式（4-5）所示，其净流入的计算方法同创新人员要素，即创新要素净流入＝总流入－总流出，可求得各省份逐年的创新资本要素净流入数据,其逐年变动趋势如图4-7所示。

从东部地区看,除海南和天津外,其余省份或直辖市创新资金净流入为正。其中,上海的创新资本净流入为正,但有逐年略微降低的趋势;山东和河北呈现出略微的上升趋势,而北京有略微下降,一个原因在于北京的首都职能有所缓解,向河北、天津和山东等地区转移,尤其是近些年京津冀、环渤海经济圈建设的强劲动力对人才和资本产生了巨大的吸引力;江苏、浙江和广东作为长三角和珠三角都市圈的核心省份,全国GDP的较大比重来自于此,已成为我国经济的增长极,吸引大量的创新资本集聚,资源配置效率较高。海南和天津创新资本净流入为负的主要原因在于研发投入和严重流失的创新人才形成的不匹配,导致资本外溢。

从中部地区看,除湖北、河南外,其余省份创新资本净流入均为负值。与引起创新人员要素流动的因素相似,交通设施、战略地位和区位优势等均是导致资本在此集聚,净流入为正的重要诱因。除此之外,随着东部地区人力资本、住房压力等问题的加剧和中部地区创新政策力度的加大,吸引力也逐渐增强。

从西部地区看,贵州、内蒙古、青海和宁夏为负,其余为正。内蒙古、青海等西部地区,产业、交通设施、人文社会发展均相对落后,产业也主要集中在省会城市,远离政治、金融中心;加之生态环境脆弱、气候条件较差等自然因素对产业发展产生消极影响,故对人才和资本的吸引力均较弱,循环累积致使与发达地区的差距不断拉大。

从东北地区看,辽宁均为正,吉林呈现出明显的下降趋势,黑龙江虽为负值但有上升趋势。东北地区受制于转型升级缓慢等因素的影响,人口严重流失,集中于资源型产业和重工业,针对当前数字经济和智能化的趋势,相对落后,导致对创新人才和创新资本的吸引力都相对较差。辽宁相对于其他两省具有相对优势,仍然是得益于其得天独厚的地理位置和海湾经济的带动。

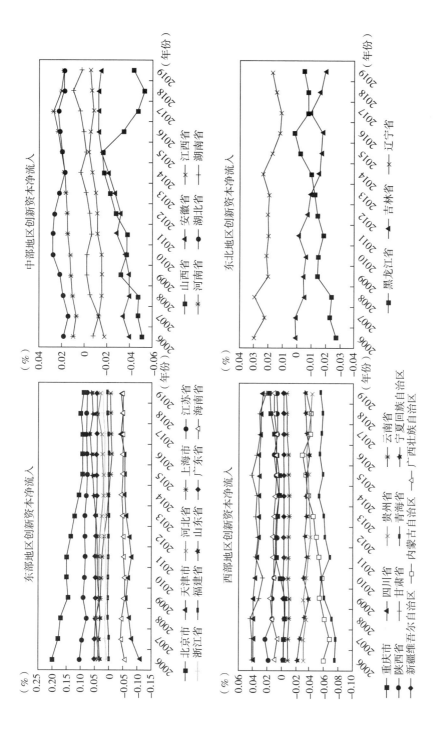

图 4-7 2006～2019 年我国各地区创新资本要素流动

4.3.3 知识溢出的测度与分析

知识所独有的外部性特征，促使知识在空间不断溢出、扩散。由于知识溢出的捕捉难以量化，知识溢出的测度将是一个较大的挑战，Richardson（1973）曾提及，"增长模型中纳入空间和距离因素的考察，才能相对完整理解增长的推动力量"，区域经济研究学者普遍认同这一点，对知识溢出的效果会受到地理空间距离的绝对影响有着一定的共识。为此，本节引入周边其他地区知识存量的地理加权 WKS，以此来表征区域间的知识溢出，其中 W 为空间权重矩阵。具体计算中，借鉴施晓丽（2013）的计算方法，将知识溢出看作某区域的周边区域的知识存量按照距离衰减原则的地理加权和，实际计算中以知识存量 KS 左乘空间权重矩阵所得。初始知识存量根据公式 $KS_0 = \dfrac{K'_0}{\delta' + g'}$ 来计算，之后各年份的资本存量按公式 $KS_t = KS_{t-1}(1-\delta') + K'_t$ 计算。K'_0 为各地区初始年的发明专利授权数，K'_t 为各地区 t 时期发明专利授权数，KS 为各地区各年份的知识存量，δ' 为知识折旧率，在这里取 15%，g' 为各地区发明专利授权数增长率，在此处以 2005~2016 年各地区发明专利授权数的几何增长率来表征，测度的结果如表 4-3 所示。

表 4-3　我国知识溢出的分区域分析

年份	2006	2008	2010	2012	2014	2016
前六位	天津	天津	天津	天津	天津	天津
	河北	河北	河北	河北	河北	河北
	江苏	江苏	江苏	江苏	江苏	上海
	北京	北京	上海	上海	上海	江苏
	浙江	浙江	浙江	浙江	浙江	浙江
	上海	上海	北京	海南	福建	福建

综观 2006~2016 年的知识溢出情况，这种分布的态势相对较为稳定。表 4-3 分别选取 2006 年、2008 年、2010 年、2012 年、2014 年以及 2016 年知识溢出的前六名和后六名。从前六名来看，基本上是东部沿海地区，且分布变化较小，2006~2016 年，天津、河北、上海、江苏、浙江更趋稳定，而北京、海南以及福建相继进入前六阵营。

再进一步利用标准差、变异系数以及赫芬达尔-赫希曼指数来分析知识溢出的空间集聚的程度。赫芬达尔-赫希曼指数，即 Herfindahl-Hirschmann Index（以下简称 HHI）是衡量产业集聚程度的重要指标，最初由 Hirschman 提出，后经哥伦比亚大学 Herfindahl 修正用于测度美国钢铁产业的市场结构，其计算公式为 $H = \sum_{i=1}^{N} z_i^2 = \sum_{i=1}^{N} (X_i/X)^2$，在本节中 X 代表全国各省份知识溢出总和，X_i 代表 i 地区的知识溢出，$z_i = X_i/X$ 表示 i 地区知识溢出占全国各省份知识溢出总和的比重，N 表示地区数量。HHI 指数取值范围为 $[1/N, 1]$，取值趋近于 $1/N$ 表示集中度较低，取值趋近于 1 则表示集中度非常高，即知识溢出集中于某单一省级地区。均值、标准差、变异系数以及 HHI 指数计算结果如表 4-4 所示。

表 4-4　我国知识溢出的区域集聚分析

年份	均值	标准差	变异系数	HHI
2005	0.3388	0.4302	1.2698	0.0871
2006	0.4689	0.5809	1.2387	0.0845
2007	0.6187	0.7480	1.2090	0.0821
2008	0.8224	0.9526	1.1583	0.0781
2009	1.1122	1.2487	1.1227	0.0754
2010	1.4461	1.5579	1.0773	0.0720
2011	1.9373	2.0255	1.0455	0.0698
2012	2.5759	2.6100	1.0132	0.0676
2013	3.1149	3.0996	0.9951	0.0663
2014	3.6926	3.6256	0.9819	0.0655

年份	均值	标准差	变异系数	HHI
2015	4.8243	4.6638	0.9667	0.0645
2016	6.0283	5.8103	0.9638	0.0643
2017	7.2989	7.0067	0.9600	0.0641

从表4-4可以看出，各区域的知识溢出总体在不断增加，标准差随之不断扩大，从变异系数和 HHI 指数来看自2005年以来基本保持不断缩小的趋势，至2016年，知识溢出的变异系数趋近0.96，而 HHI 指数趋近0.0641，表明知识溢出在各区域的分布存在一定的不均衡状态，而不均衡程度逐年略有减缓。

4.4 小结

本节对我国劳动力要素流动、产业转移以及以创新人员和资本、知识溢出等为表征的知识流动的现状进行测度和分析，基本结论如下：

第一，从劳动力要素的总体流动来看，河南、安徽、江西、福建、湖南、广东、江苏、湖北、重庆、四川、广西等地存在明显的劳动力要素流入，而北京、天津、上海、浙江、贵州、云南、陕西、内蒙古、河北、甘肃、黑龙江、山西、山东、辽宁则有明显的劳动力要素流出，其余省份的制造业劳动力要素总流动不太明显。从劳动力要素的逐年变动来看，广东、江苏、浙江、山东、辽宁、湖北、河南等省的流入流出波动较为显著，其余的较多省份流入流出的幅度相对一致，因此最终表现的结果较为稳定。

第二，我国制造业产业转移具有行业异质性。2006~2017年，我国产业转入和转出的省市数量大致相等，但在进行分行业分析发现，劳动密集型产业多从东部沿海地区转出，向劳动力资源充足的长江流域中段和黄河流域中段转移。资本密集型产业从东北地区、京津地区和长三角地区向大力发展石油化工业和机械制造业的北部和中部地区转移。技术密集型产业由于对从业人员专业知识和技能、基础设施条件、相应政策和宏观环境的要求较高，转移趋势更倾向于由一线发达地区转移至次发达地区。此外，产业转移总体上由东部沿海地区向其他地区转移，但其他地区的产业转移规律不显著。2006～2017 年，东部地区的较发达省份均存在产业转出，中部地区则更多承接了从东部地区转出的产业，西部地区的四川、重庆、陕西等省份吸引了较多的产业转入，其余省份处于产业转入与转出并存的现象，东北三省的产业转移情况也由于其自身发展状况而各不相同，产业转移并非只有单一的转移方向，而是随着经济发展、政策变化、人员流动等有所变化。

第三，创新人员要素流动的结果表明，东部地区的北京、广东、山东、江苏、浙江、河北和福建各年的创新人员要素净流入均为正值，而上海、天津和海南为负值；中部地区，河南、湖南和湖北形成了对创新要素的强大吸引力，山西、江西人才严重流失，安徽虽然净流入逐年递增，但创新净流入仍为负。西部地区的四川、重庆、陕西、甘肃净流入为正，贵州、内蒙古、青海和宁夏等均为负。东北地区辽宁省逐年净流入均为正值，黑龙江的净流入逐年降低并最终达到负的净流入，吉林净流入为负。创新资本要素流动的结果表明，东部地区除海南和天津外，其余省份创新资本净流入为正值。中部地区除湖北、河南外，其余省份创新资本净流入均为负值。西部地区贵州、内蒙古、青海和宁夏为负，其余为正。东北地区辽宁均为正，吉林呈现出明显的下降趋势，黑龙江虽为负值但有上升趋势。

第四，根据测算出而得知识溢出情况来看，居于前列的基本上是东部沿海地区，且分布变化较小；从具体测算值来看，知识溢出逐年增加，标准差也随之扩大，从变异系数和 *HHI* 指数来看，知识溢出在各区域的分布存在一定的不均衡状态，而不均衡程度逐年略有减缓。

　　以上要素流动、产业转移与知识流动等的具体测算结果说明，我国以要素、产业、知识等为载体的各区域间的空间往来非常频繁，结果有一定的差异性，导致空间互动与效应更趋复杂。因此，区域的创新发展不仅是本区域自身的努力，也需要更多关注来自其他区域的影响，区域创新的空间效应不可忽视，其是影响区域创新发展的重要力量之一。

5 多元主体对区域创新的作用分析

区域创新的发展是在政府机构、企业、高等学校及科研机构等政产学研多元主体共同参与，构建区域创新体系进行作用而实现的。区域创新体系最早由英国加的夫大学的 Cooke（1992）提出，指的是在各创新主体的共同作用下，实现技术知识输出、物质产品产出和效益三种功能，协同作用于区域经济发展。政府机构、企业、高等学校及科研机构等政产学研多元主体对区域创新的影响机制存在较为显著的区别。本章首先对区域创新作用主体研究的文献做简要回顾，其次分析多元主体对区域创新的影响，再次采用模糊集定性比较分析的研究方法分析中国 30 个省级空间单元的政府、高校、企业以及研究机构四个创新主体协同创新对区域创新发展的影响，厘清各区域创新发展中各主体的复杂因果关系，最后基于各区域不同主体作用路径的异质性提出促进创新发展的思路。

5.1 区域创新作用主体研究的文献回顾

创新是一种复杂而动态的社会技术、社会经济和社会政治现象，是社会经

济发展的核心问题（Carayannis et al.，2016）。人们普遍认为，创新在公司的
竞争力以及地区和国家的经济发展过程中起着关键的作用（Furková，2019）。
近年来，中国政府在促进创新方面做出了巨大努力，不断加大创新力度和相关
政策扶持，但是空间结构的不平等问题依然严峻，创新结构亟须改进和优化。
巨大的空间异质性在一定程度上阻碍了创新要素的区际流动和创新成果转化。
知识共享和创新要素的流动是促进创新不可或缺的环节，Li（2018）认为本区
域与外部的知识碰撞将造成产业集聚和创新，创新会刺激外部知识的大量涌
入，进而不断扩大本地知识库和集群。虽然本地企业利用不断扩大的知识资源
进一步探索其他领域并形成更深层次的集聚，形成创新与集群协同发展的良好
互动，然而创新并非由产业集群或者知识溢出等单一条件造成，而是创新主体
多元互动、创新要素流动与集聚、产业政策等诸多因素相互作用的结果。

Etzkowitz（1996）借鉴生物学中三螺旋的概念，开创性地将这个概念引入
研究区域创新的模型中，并用该模型来分析政府、企业和高校之间的相互作用
关系。自此，三螺旋理论被引入对创新的分析与研究，并逐步演变成一种创新
结构理论。三螺旋模型理论认为，由政府、企业和高校三个主体间的互动关系
构成了创新系统的核心，知识的生产、积累与扩散、溢出与这三个创新主体之
间的紧密联系息息相关。在创新实现成果转化的过程中，三个创新主体之间协
同作用，持续推动创新结构实现螺旋上升。三螺旋模型理论的主要观点是知识
和技术在创新系统中的流动依托三种不同的渠道发生：第一种是创新要素在政
府、企业和高校三个创新主体各自为政，内部循环作用；第二种是某一创新主
体只对其他某一方施加影响，产生两两之间的交流、互动；第三种是任意两创
新主体间均存在紧密联系，技术和知识等创新要素的无障碍流动（吴敏，
2006）。

目前，学者从不同角度研究区域内不同创新主体对优化创新资源配置和提
升创新水平产生的单一影响。Deng 等（2019）研究了地方政府在区域创新体

系中发挥的重要作用，表明政府不仅是利用创新要素来开展创新生产的组织者，而且可以是寻求该地区以外的所有可能创新要素的争取者，这种角色便于其参与管辖范围内的创新生产。此外，政府作为区域创新的政策制定和实施者，为区域内知识和技术的创造和转化提供了有利条件。于文超和高昊（2019）对各省份高校科研创新效率的评价表明了高校创新对区域创新发展的突出作用。在企业创新对区域经济发展的影响方面而言，李腾和张钟元（2019）的实证研究表明，企业创新可能会产生短期抑制区域经济发展的挤出效应，但长期而言，企业创新的挤出效应与整个区域的经济发展水平呈现出一种倒"U"形关系，即高水平企业创新水平会对区域经济产生更强的推动作用。上述研究均考虑的是包括政府、高校与企业等单一创新主体在区域创新过程中的作用，缺乏对各创新主体之间协同创新的考察。

研究机构拥有丰富的来源于政府、企业、高校和社会的资源，在技术生产、技术转移和技术共享中发挥着不可替代的纽带作用。中共中央、国务院于2020年4月9日发布了《关于构建更加完善的要素市场化配置体制机制的意见》，其中明确指出要支持科技企业与高校、科研机构合作建立技术研发中心、产业研究院、中试基地等新型研发机构。研发机构的转型发展及其在促进技术要素优化配置及效率提升的作用日益突出。温珂等（2014）的研究表明，内部协调、战略管理与组织结构完善的科研机构能够显著提高区域创新绩效。赵立雨和任静（2010）的研究将公共中介服务机构作为四螺旋结构模型中的第四个创新主体，体现出科技中介服务机构对知识和技术的催化作用。袁传思（2016）认为，研发机构作为技术创新联盟的主体对于集合资源，促进技术进步和产业转型具有突出作用。传统的三螺旋结构忽视了研究机构对于创新的促进作用，实际上研究机构是科技中介服务机构和区域技术联盟的重要构成，直接进行科学技术的研发和创新产出。

因此，有必要将研究机构纳入分析，在政府、高校、企业传统三螺旋结构的基础上，构建四螺旋创新体系，通过将研究机构作为四螺旋结构中的一极来考察政产学研等多元主体之间的协同创新，具体而言，不同主体对区域创新的影响机制会有较大区别。

5.2 多元主体对区域创新的影响

5.2.1 政府对区域创新的影响分析

政府除了直接的创新投入与发展外，还会通过财政政策工具如财政支出、财政补贴、税收等，以及制定区域创新政策来影响区域创新。

（1）政府通过财政支出、补贴等方式影响区域创新发展。政府可以为企业、高校和研发机构提供必要的资金支持，进而促进企业、高校和研发机构的创新活动，其是推动创新发展的直接原动力。政府支持对创新过程的影响结果取决于不同力量的强度：首先，当由政府投入产生的诱发机制有利于创新投入增加时，应积极引导企业及相关机构开展科技创新合作，从而加速研究成果产出与转化、促进创新发展；其次，由于政府投入带有较强的倾向性与先导性，可以在创新活动缺乏私人部门激励的领域发挥引导者职能，但引导作用过强反而会引导资本在特定领域的过度集中和要素配置的低效率。此外，也需要关注其政策力度，以免企业及其他研发机构产生对政府的过度依赖，降低研发改进的热情，抑制创新提升。因此，在实施财政支出、补贴等方式来促进区域创新时，应考虑适度原则。

（2）政府通过税收竞争促进区域创新发展。在中国式财政分权的背景下，地方政府通过财政补贴、税收返还等方式展开针对实际税率的"逐底竞争"

（龙小宁等，2014）。首先，从生产者的角度，税收竞争会降低地区的实际税率，在市场经济转型升级的背景下，实际税率降低对减轻企业负担、降低企业融资成本和提升企业创新投资回报率预期等具有重要意义，通过降低企业自身的研发成本，对企业发展起到"催化剂"的作用，优化企业内部创新资源合理配置，提高资源配置的有效性，引导企业进行研发投入、技术改造等创新活动。由于企业的投入强度达到一定程度前，创新投入的规模报酬是递增的，因此，可以在未达到该创新强度阈值前通过税收竞争等政府行为，变相增加企业的研发投入，从而实现企业创新效率的提升。其次，从消费者角度，消费品相对价格也会因税收竞争程度的加剧而有所提高，进而增加居民的实际可支配收入，诱发消费结构升级，产生倒逼企业创新发展以适应高层次消费需求的正向影响，促进区域创新发展。但税收竞争过于激烈，又会造成"税收洼地"，加剧财政压力，导致公共财政收入无力支持公共服务供给，破坏创新环境，提高企业创新成本，降低区域创新绩效。除此之外，税收竞争同各种生产要素一样，存在空间溢出效应。因此，适度竞争有利于企业创新发展和要素资源的合理配置，过度竞争则会形成对创新要素的虹吸效应，虹吸产生的负外部性将抑制区域创新发展。税收竞争是促进区域创新发展的重要力量，然而其具有两面性，因此，应更多关注如何更好地使其发挥积极作用。

（3）制定区域创新的相关政策，改善区域创新软硬环境。地方政府通过打造良好的制度环境，对区域创新系统中的其他主体的行为进行要求和约束，维护良好的区域创新环境。此外，地方政府应该加强基础设施的建设和公共服务的提供，一定的基础设施建设是区域创新发展的前提。由于基础设施的建设和公共服务的提供具有外部经济性、投资规模大、经营周期长、利润回报低等特点，需要地方政府在这个方面发挥其主导作用，大力发展基础设施建设并保证一定的公共服务的提供，创造适宜企业、高等院校和科研机构等开展创新活动的软硬环境。

5.2.2 企业对区域创新的影响分析

企业对区域创新发展的促进作用，不仅体现在创新投入、产出和转化等方面，同样受内部管理、企业多样性等诸多因素的影响。

（1）企业的内部科研投入是促进创新的内生动力，可以激发企业的创新潜力并促使区域整体创新水平的提升。企业的内部研发经费投入水平越高越有利于吸收和运用外部知识，但也可能造成企业对既有创新路径的依赖，从而抑制创新（周永红等，2006）；企业内部投入可以加速自身与其他创新主体的接轨，有效促进企业创新需求和研发机构、高校等创新产出的匹配度，提高创新成果转化和效率的提升；内部研发投入的增加还会促进产学研合作，加速知识转化。

（2）产学研交流合作会通过降低企业的研究成本、提高多元主体协同、知识溢出等途径提升研发效率，促使企业高质量创新和区域整体创新水平的提升。企业作为研发投入与产出成果的核心创新主体，是产学研创新网络的关键节点和最直接的参与者。首先，产学研合作具有基础研究的突出优势，相较于企业以经济效益和市场导向的研发而言，更容易促使企业获得突破性的创新成果；其次，产学研合作可以降低企业在基础研究上的研发成本和风险，缓解企业在此方面的约束，利用现有创新成果进行高质量创新，提升创新效率；最后，产学研合作可以通过多元创新主体之间的交流和知识溢出，帮助企业获得"隐性知识"，引导其增加知识储备和突破性创新。故企业通过产学研合作，既可以享受其带来的诸多好处，又可以进一步促进区域创新。

（3）企业多样性、内部管理等因素影响企业创新，进而影响企业创新水平。"MAR外部性"认为区域产业发展应突出专业化，以促进相同产业间的知识溢出，激发创新；"Jacobs外部性"则强调知识在不同行业间更易于溢出，即多样性会促使活动创新。随着研究的深入，多样化成为促进创新的主流，但多样性不意味着创新，必须结合企业自身的文化和创新研发意愿。一定区域内，企业的多样性将降低沟通成本和交易成本，有利于知识溢出和转移，即使存在敏感信息的外泄、信任风险等，但不可否认，企业多样性对企业创新和区域创新水平整体提升的促进作用。

5.2.3 高校对区域创新的影响分析

高校作为区域创新的主体之一，一方面也会通过其自有的研究机构开展直接的创新活动；另一方面高校的重要职能：一是培育具备高知识储备的专业人才，这是区域创新开展的必要条件，二是实现与企业的产学研合作，以此开展更高效的创新活动。

（1）高等学校是知识创新的主要来源，同时也是创新型人才的主要培养部门。高等学校每年为社会输送大量的具备高知识储备的专业技能人才，其中大多数人才会参与到各种类型的创新活动中，为区域创新的发展提供源源不断的人力资本。高等学校拥有创新所需要的自由的学术氛围，通过发挥其特有的知识生产和传播的职能，培育大量的创新型人才，服务于区域创新。

（2）高校利用外部资金投入开展科技研究，并进一步促进其他创新主体和区域创新。高校作为区域创新的知识源泉和创新主体之一，是提升区域创新发展的直接推动力。在产学研协同创新的初级阶段，高校与其他创新主体之间的联系较为薄弱，科研合作的主要模式为以高校为主导，科研项目的申请、立项与研究主要取决于高校科研部门，依高校的申请，政府部门提供大部分的科研经费，企业也提供一部分的科研基金。当高校研究部门经历一定的研究期，获取科技成果后，再寻找渠道将科技成果、专利转给有相关需求的企业，实现科研成果转化。在这种模式下，创新投入直接影响高校的研究进展。

（3）高校的创新产出与转化影响高校持续创新，引发其他创新主体实现协同创新乃至区域创新。当创新主体协同合作发展到一定程度时，高校、研发机构与企业会形成紧密的产学研合作，此时，科研合作的主要模式转向以企业为主导，企业根据其发展战略目标与短期技术研发需求向外部发布技术研发需求，设立项目，并提供经费支持，高校研究部门与其他研发机构响应需求，达成合作意向开展研究，根据合作协议内容将研究的成果转移给企业。在此过程中，企业提供一定的研究经费支持，这种模式与企业完全自主研发相比，能够有效降低企业的研发风险，实现供给与需求的良好契合，可以显著提高高校与研发机构的科研转化效率、企业自身的技术创新效率和区域整体创新效率的提升；高校在此过程中完善了研发资金链，实现了创新成果的转化、新的研发资金的输入和科学研究进程的可持续性。

（4）高校创新以及与其他创新主体的协同创新通过空间溢出效应影响区域创新进程。各创新主体的协同创新有利于打破地域界限，加速优质资源的加速流动和聚集，就高校而言，就是提供更加优质的具备专业化技能的创新人才，即知识储备力量，这将是促进知识创新的隐含财富。高校还可以引导行业、企业、研发机构深度参与高校协同创新建设，融入区域发展格局，进一步强化创新发展目标，不断提高协同创新的质量和水平，使协同创新成为区域创新发展的有力支撑。

5.2.4 研发机构对区域创新的影响分析

研发机构的主要研究方向为应用科学，研究内容为功能全面的、满足区域内产业群需求的、具有共性和应用性的技术（袭著燕和史会斌，2009），研发机构除了具有固有的研发职能外，还将通过产学研合作等实现创新的溢出、扩散、成果转化等。

（1）研发机构通过知识溢出和扩散，促进区域创新发展。研发机构在创新活动的优势包括：第一，具有突出的专业领域技术优势，研发投入与热情大，是其他创新主体获得创新知识的重要来源之一；第二，研发机构的技术敏锐性高，在与其他创新主体的合作交流中，研发机构善于发现、捕捉与学习各种创新知识，并加以吸收转化。并且区域创新网络中，研发机构与其他创新主体之间的联系还能够产生促进知识，尤其是隐性知识外溢的显著作用。因此，在开放式创新的条件下，研发机构可以通过知识交流、专业化知识创造等方式，弥补区域创新网络内部资源和知识的不足，进而引导和推动企业和高校等进行积极创新，最终促进区域创新水平的提升。

（2）研发投入、收益机制将完善研发机构职能，促使创新产出与转化。针对高校提供的科技成果，企业的创新能力均因地而异等状况，科技产品需求和供给存在严重失衡。研发机构以其专业化的研发创造和产出，成为地区吸收科研成果的重要源泉之一，相应地，也会得到更多的资金供给；此外，研发机构还可以通过主动参与市场竞争来获得额外的资金支出。两种方式均会以创新资金投入增加的方式，引导创新资源的合理流动，提升创新绩效。

（3）构建新型研发机构，完善研发机构组织模式，以创新引领作用驱动创新发展。新型研发机构功能包括基础研究、关键核心和产业共性技术、人才教育、企业孵化等全过程创新属性，逐渐成为引领原始创新和关键核心技术向现实生产力转化的关键环节。因此，传统研发机构积极向新型转变，可以通过以市场为主导配置创新要素兼顾创造新需求、链接原始创新主体提升创新引领能力和完善制度组织等途径，充分发挥自身创新人才、技术创造者等职能，协调科研成果的供需关系、提高转化效率，优化多元主体合作布局，实现区域创新水平的提升。

5.3 基于模糊集定性比较分析的区域创新
主体协同发展影响分析

在经济研究领域，通常使用投入产出法和资源投入来衡量区域创新，但是这种研究方法存在较多的不合理之处，尤其难以适用于不同主体之间协同作用的分析。针对这种非线性复杂关系，有必要以组态思维和新兴研究范式 QCA 方法来考虑要素条件与结果变量关系之间的规律，整体分析各个因素对被研究变量的影响。因此，为分析中国 30 个省级空间单元的政府、高校、企业以及研究机构四个创新主体协同创新对区域创新发展的影响，厘清案例的复杂因果关系，本节利用模糊集定性比较分析方法（FS-QCA）进行案例导向的研究分析。

5.3.1 研究方法与设计

美国的社会科学家和创新方法论家 Ragin 开创性地提出了定性比较分析方法（Qualitative Comparative Analysis，QCA），该方法以整体研究为立足点，开展以案例为导向的比较分析，其中的每个案例都是条件变量的"组态"的构成部分。面对案例导向的复杂因果分析，Rihoux 和 Ragin（2019）提出了进行定性比较分析的三个基本前提，即"并发因果关系""等效性""非对称性"。由于经济学中常规使用的线性回归方法主要基于边际分析的技术，建立方程求得最优均衡解，而 QCA 进行案例分析的目的并非寻求达到均衡的唯一路径，而是找到可以产生同一结果的不同等效路径。并且，由于巨大的样本数据的支持是传统的线性回归方法等定量分析方法应用的基础，因此，通常无法利用传统的线性回归技术对条件组态与结果变量之间复杂的因果关系展开研究。为此，Rihoux 和 Ragin（2019）提出了定性比较分析方法（QCA）以探究中小样本案例之间复杂的因果关系以及前因条件之间的相互依赖关系，并逐渐从清晰集定性比较分析方法（Crisp-Set QCA），发展到多值定性比较分析方法（Multi-value QCA）和模糊集定性比较分析方法（Fuzzy-Set QCA）。

模糊集定性比较分析方法（FS-QCA）通过将模糊集原始数据进行转换，得到真值表，由于保留了真值表分析处理定性数据、有限多样性和简化组态的优势，因此该方法较好地将定量分析和定性分析进行有机结合（Ragin，2008）。根据已有文献，FS-QCA 进行中小样本的分析时，一般通过一致性和覆盖度这两项指标进行分析。其中，一致性的公式如式（5-1）所示：

$$Consistency(X_i \leq Y_i) = \sum [\min(X_i, Y_i)] / \sum X_i \tag{5-1}$$

覆盖度的公式如式（5-2）所示：

$$Coverage(X_i \leq Y_i) = \sum [\min(X_i, Y_i)] / \sum Y_i \tag{5-2}$$

式（5-1）、式（5-2）中，X 表示前因条件，Y 表示结果变量。一致性表示前因条件或前因条件组合是结果变量的子集的程度，一般而言，一致性水平数值越大，表明该前因条件组合对结果变量越具解释力。而覆盖度表示前因条件组合是结果变量超集的程度，通常来说，覆盖度数值越大，该前因条件组合是该结果变量的唯一解释程度越大（Ragin，2006）。

作为一种超越定性和定量分析的新方法，模糊集定性比较分析方法相较于传统的线性回归等定量分析方法而言，对于案例之间的多重并发因果关系能够给予更加合理的解释。因此，为探究四个创新主体之间的复杂因果关联及其相互作用对区域创新效率的影响，本节构建了四螺旋结构，并选择了我国 30 个省级空间单元的政府、高校、企业和研究机构之间的六种关系作为研究的前因条件，以区域创新产出作为结果变量，通过 FS-QCA 寻求促进区域创新发展的不同路径，分析目前创新结构仍然存在的问题，提出提升区域创新主体协同作用的思路。

5.3.2 数据来源

鉴于数据的可得性，以及 FS-QCA 方法是针对中小样本的以案例为导向的研究特性，本节收集整理 2017~2019 年我国 30 个省份的相关数据，数据来源于《中国科技统计年鉴》，其中个别省份的缺失数据在相应省份的统计年鉴中获取。研究的四螺旋结构中的四个创新主体之间的联系一共采用了六个指标，如图 5-1 所示。

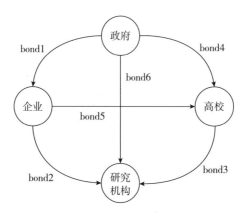

图 5-1　四螺旋结构创新主体间的关联

其中，bond1 表示政府对企业的资金投入，表征政府与企业间的关联；bond2 表示企业对研究与开发机构的投入，表征企业与研究机构的关联；bond3 表示高校对研究机构的研究与开发经费外部支出，表征研究机构与高校之间的关联；bond4 表示政府对高校的经费支出，表征政府与高校之间的关联；bond5 表示企业对高校的资金投入，表征企业与高校之间的关联；bond6

表示政府对研究机构的资金投入，表征政府与研究机构的关联。而区域创新发展水平则借鉴周阳敏和楚应敬（2021）、白俊红和戴玮（2017）的做法，用发明专利授权量表示。

5.3.3 数据的测量和校准

运用模糊集定性比较分析方法（QCA）开展案例研究时，需要对收集到的数据进行校准，将其转化为模糊集。Schneider 和 Wagemann（2012）对模糊集校准的定义是：给案例赋予集合隶属的过程。由于在集合隶属度校准过程中同时包含了定性与定量两种相互区别的方法，从这个角度说，相较于传统的定性分析或者定量分析，模糊集数据兼具定性、定量双重特征。因此，模糊集具有传统的定距尺度和定比尺度变量的许多优点，但同时它们也允许定性评估（Ragin，2008）。实际操作中，进行模糊集的校准首先要确定的是完全隶属点、交叉点又称最大模糊点以及完全不隶属点。本节参考 Coduras 等（2016）、沈俊鑫等（2019）和赵文等（2020）的研究，分别将上下四分位点作为完全隶属点和完全不隶属点，中位数作为交叉点，数据校准之后得到的集合隶属度数值介于 0~1。校准后数据的描述性统计结果如表 5-1 所示。

表 5-1　校准后各变量的描述性统计

变量	平均值	标准差	最小值	25%分位点	中位数	75%分位点	最大值
bond1~fz	0.4959	0.4088	0.0100	0.0500	0.4950	0.9500	1.0000
bond2~fz	0.4920	0.4134	0.0000	0.0525	0.4800	0.9500	1.0000
bond3~fz	0.4834	0.4136	0.0100	0.0500	0.5000	0.9475	1.0000
bond4~fz	0.5028	0.4076	0.0100	0.0525	0.4900	0.9500	1.0000
bond5~fz	0.5006	0.4049	0.0000	0.0575	0.4950	0.9475	1.0000
bond6~fz	0.4983	0.3994	0.0000	0.0500	0.5000	0.9425	1.0000
inno~fz	0.4910	0.4138	0.0100	0.0500	0.4950	0.9475	1.0000

5.3.4　创新主体协同创新的组态路径分析

5.3.4.1　单个条件的必要性分析

集合论主要集中于对两种关系的分析：一是分析必要条件关系，即具有特定结果的案例是否或在多大程度上共有前因条件；二是分析充分条件关系，即具有相同前因条件的案例是否或在多大程度上具有相同的结果（Ragin，2008）。Schneider 和 Wagemann（2010）提出必要条件和充分条件分析应该在不同的分析步骤中进行，首先应进行必要条件分析。

本节从集合论的角度或者通过维恩图进行子集超集的直观表示发现，对前因条件进行必要性分析的原因在于检验结果集合是否为某个条件集合的子集。如果单一前因条件是结果的超集，则意味着该条件足以造成该结果的发生，前因条件在维恩图中将包含结果变量。该前因条件就是造成该结果发生的唯一路径，因此，无法寻求造成该结果发生的多种路径，也就无须进行后续的充分性分析。Ragin 提出的必要性评价标准是一致性水平不得低于 0.9，因此，只需在 FS-QCA 分析的第一步——进行必要性分析时满足一致性水平低于 0.9即可。

通过使用 FS-QCA3.0 软件进行必要性测试分析，计算前因条件存在与缺失时的一致性和覆盖度，结果如表 5-2 所示。所有单一前因条件的一致性均低于 0.9，由此可以认为创新不是高校、企业、研究机构和政府任一创新主体单独作用的结果，而是在创新主体间的互动作用下产生的。

表5-2　单个条件的必要性分析

前因条件（存在）	区域创新水平（inno）		前因条件（缺失）	区域创新水平（inno）	
	一致性	覆盖度		一致性	覆盖度
bond1-fz	0.8907	0.8819	~bond1-fz	0.2573	0.2506

前因条件 （存在）	区域创新水平（inno）		前因条件 （缺失）	区域创新水平（inno）	
	一致性	覆盖度		一致性	覆盖度
bond2-fz	0.8540	0.8523	~bond2-fz	0.2795	0.2701
bond3-fz	0.8371	0.8501	~bond3-fz	0.2847	0.2706
bond4-fz	0.8922	0.8908	~bond4-fz	0.2512	0.2480
bond5-fz	0.8629	0.8464	~bond5-fz	0.2802	0.2754
bond6-fz	0.8296	0.8174	~bond6-fz	0.3026	0.2961

注：波浪线表示该前因条件"不隶属"该结果变量，fz 表示该前因条件已校准为模糊集。

5.3.4.2　条件组态的充分性分析

充分性分析相较于必要性分析更为重要，因此，必要性分析之后的第二步骤是进行条件组态的充分性分析，这是 FS-QCA 分析的核心。通常来说，进行充分性分析会产生三种解，即简约解、复杂解和中间解。其中，中间解具有其余两种解的优势，分析时结合简约解可以得到更加合理的结论。

为得到合理结论，分析前需要对案例频数和一致性阈值进行设置。中外学者根据研究案例和不同的背景确定了不同的一致性水平，其中 Schneider 和 Wagemann（2012）确定的一致性水平为 0.75，低于 0.75 将不认为该前因条件是结果变量的充分条件。根据案例情景的不同，一致性阈值的设定也会有差别。程聪和贾良定（2016）认为在满足一致性阈值的基础上，同时包括至少 75% 的观察案例，这样可以避免可能存在的同时子集关系，并在研究中将一致性阈值设定为 0.8。除了要合理设定一致性阈值之外，为使观察案例满足要求，案例频数的设定也同样重要。杜运周和贾良定（2017）在研究中确定的案例频数阈值的设定标准是 1，如果样本数量较大，也可以选择 2 来作为临界值。

真值表是表示前因条件与结果变量之间全部可能的逻辑组合。不合理的一致性阈值会导致逻辑余项的产生。如果研究中涉及 k 个前因条件，则真值表中

将会出现 2^k 种组态；如果案例个数少于前因条件组合确定的 2^k 个，则会产生逻辑余项。本节构建的四螺旋结构的 6 种关系共产生的 64 种组态，而我国省级空间单元只有 30 个样本，为避免逻辑余项的产生，选用 2017~2019 年的数据进行样本扩充，以满足进行 FS-QCA 分析的前提。因此在综合考虑之后，选择 0.8 为一致性阈值，1 为案例频数。在确定一致性阈值和案例频数之后，利用 FS-QCA3.0 软件进行真值表分析，由于并不明确政府对企业、研究机构或者其他创新主体两两之间的创新投入是否存在资金投入越多，创新效率越高的问题。这就导致在进行真值表分析时，很难针对此种现象做出正确的反事实分析。因此，利用软件进行标准化分析时，选择"存在或者缺失"，表示面对前因条件的存在或缺失，无法直观地得出创新效率提高或者降低的结论。结果的表示形式遵循 Fiss（2011）的建议，如表 5-3 所示，部分案例由于未满足一致性阈值和案例频数，已被剔除。

由表 5-3 结果可以看出，总体解的覆盖度为 0.8052，说明了这些路径覆盖了超过 80%的案例样本，且总体解的一致性为 0.9147，表明组态路径是结果变量区域创新产出提高的必要性条件。进行案例导向的分析之后，一共可以得到 6 种组态路径，具体如表 5-3 所示。

表 5-3　充分性分析及组态路径

前因条件	组态路径						
	1a	1b	2	3	4	5	6
bond1		⊗	●	·	●	●	●
bond2		⊗		●	⊗		●
bond3	●	●	⊗	⊗	●	●	●
bond4	●	●	·	⊗		●	●
bond5	⊗		●		⊗		●
bond6	●	●	⊗	●	●	⊗	●

续表

前因条件	组态路径						
	1a	1b	2	3	4	5	6
一致性	0.8914	0.8500	0.8114	0.8653	0.8926	0.9908	0.9976
原始覆盖度	0.2136	0.1193	0.1061	0.1265	0.1335	0.1713	0.6508
唯一覆盖度	0.0305	0.0000	0.0084	0.0000	0.0179	0.0197	0.4220
总体解一致性	0.9147						
总体解覆盖度	0.8052						

注：实心大圆●代表具备核心条件，实心小圆•代表具备辅助条件（该条件只存在于中间解），空格代表一种模糊状态（该条件存在与否不影响该组态结果），叉号大圆⊗代表缺少核心条件，叉号小圆⊗代表缺少辅助条件。

组态 1a 与 1b：研究型创新路径。此组态中 bond3、bond4、bond6 为核心条件，表明政府、研究机构与高校协同创新促进区域经济发展，但是企业与三者之间的联系薄弱，未充分参与构建该多元互动体系，通过进行案例导向的分析，发现北京、上海、广东、浙江和江苏等发达地区也在其他路径中出现，故仅将四川、重庆、辽宁和黑龙江等作为该组态路径的代表案例。这些省份均位于我国的中西部地区和东北地区，是我国实施中部崛起战略、西部大开发战略和东北振兴战略的目标区域，创新发展存在诸多不足的原因在于研发与转化存在障碍，创新资源利用率较低，形成了该路径中的政府—高校—研究机构之间紧密的环形单向联系，尚未完全形成创新主体两两之间促进区域创新资源优化配置的紧密联系。尤其是以重工业为主的辽宁和黑龙江，由于产业结构处于优化升级的进程中，存在企业无法充分利用科研资源和科研成果与企业用途不匹配的双重困境。

组态 2：传统型创新路径。该组态中 bond1、bond5 为核心条件，bond4 为辅助条件，bond3、bond6 为辅助条件缺失，代表省份是陕西、山西，而上海等传统发达地区在多种路径均有出现，故不在此路径中赘述。在该条组态路径中政府、企业和高校构成了传统的三螺旋区域创新体系的三极，研究机构与企业、政府和高校的联系较为薄弱。陕西是"一带一路"倡议中联系东西各地贸易的重要纽带，陕西自贸区的建立又为其带来更大的发展机会，政府与企业之间的联系异常紧密，但企业与研发机构的联系薄弱。山西由于其突出的资源型经济结构，导致产生"重工业过重，轻工业过轻"的发展格局，研发创新与工业需求产生断层，产业结构亟待优化。处于该组态路径的省份，虽具有科技优势、区位优势以及政府扶持的优势，但企业与研究机构之间的交流不足，研发机构对驱动经济高质量发展的作用难以体现。

组态 3：企业导向型创新路径。该组态中 bond2、bond6 为核心条件，bond1 为辅助条件，形成以企业为主导，政府对企业的资金补贴和税收优惠等措施为补充的以企业为导向的发展道路，代表省份有河北、吉林等。在该路径中，企业作为促进区域创新发展的主导力量，通过加大对研究机构的资金投入，推进科学研究进程，保障研发成果与产出需求相匹配，有效提高科研成果转化和区域创新发展水平的整体提升。此路径中，高校和研发机构与政府的联系有所欠缺，高校这一重要的科技成果产出源泉难以充分发挥其创新主体的作用。

组态 4：激励型创新路径。该组态中 bond1、bond3、bond6 是核心条件，bond2、bond5 为辅助条件缺失。该组态路径的代表省份包括河南、安徽和江西，陕西同样出现在组态 2 中，故不将其作为本路径的代表案例。这些省份是中部崛起的关键省份，人口众多，虽然拥有生产要素数量丰富和交通枢纽地位突出等诸多突出优势，但是仍然存在创新要素利用不足，创新资源利用不足，创新驱动发展缓慢的问题。该路径的一致性水平为 0.8926，高于 Schneider 和 Wagemann（2012）所认定的充分性的一致性水平 0.75，可以认为该组态是造成区域创新资源配置结果变量的充分条件。政府作为联系企业和研究机构的重要纽带，其资金支持为区域创新发展提供了坚实基础，但该组态路径中企业与研究机构和高校的联系欠缺，创新成果难以得到有效转化，成为该创新发展路径的阻碍。

组态 5：高校导向型创新路径。该组态中 bond1、bond3、bond5 为核心条件，bond4 为辅助条件，该组态路径相比于路径 2 而言，增加了研究与开发机构与高校的联系，代表省份有天津以及存在于多种组态路径中的北京、上海、广东等。通常而言，基础研究大部分依赖于高等院校与研究机构之间的互动，应用研究的发展和创新成果的转化依赖政府与企业之间的联系。研究与开发机构与高校互动关系的建立，增强了区域基础研究的进程，减轻了创新成果与科技成果供给与需求之间的不平衡，对增加区域创新产出和创新成果的空间溢出奠定了重要基础。

组态 6：四螺旋型创新路径。该组态中所有前因条件均为核心条件，该组态路径的代表省份包括北京、上海、广东、江苏、浙江、山东和湖北等。从地理位置看，除湖北位于中部地区外，其余均位于我国东部沿海地区，具有显著的区位优势，是京津冀、长三角和珠三角都市圈的核心城市；湖北则是中国经济强省、经济地理中心和近代工业发展的摇篮之一。这些省份的经济与创新发展水平均位于全国前列，是引领区域科技进步，增强区域协调和加速知识流动的核心区域，在其完善的四螺旋创新体系中，各创新主体的紧密联系是其发展的重要支撑。此外，这些发达地区还同样出现在其他组态中，通过分析该案例复杂的因果关系，从集合论的角度看，其原因是其余路径为该组态路径 6 的超集，已经具备完善的四螺旋创新结构的这些地区已形成复杂的交互网络，并且各创新主体自身也已经具备较强的创新能力，仅以传统三螺旋结构或者高校导向型等路径也足以促进区域创新发展。

5.3.4.3　稳健性检验

调整一致性水平和数据的测量方法是对 QCA 结果进行稳健性检验的两种有效方法（Schneider and Wagemann，2012），这两种方法均会对纳入逻辑最小化的真值表行的数量产生影响，进而影响分析结果。进行稳健性检验的目的是通过改变一致性水平和测量方法，验证四螺旋结构各个主体之间的关系和不同组态路径对区域创新水平提高的影响是否会发生改变，消除因为参数阈值的设定而产生的误差。如果不同的参数设定导致组态的一致性和覆盖度水平仅发生细微变化，不足以产生与原结果截然不同的结果，则可以认为在原来的一致性水平和测量方法上，结果是稳健的。

为检测结果是否稳健，本节首先调整一致性阈值，将设定的一致性阈值从0.80调整为0.75、0.85和0.90，结果显示组态路径均未发生改变，其次，将区域创新产出的衡量方式由发明专利申请授权量变更为发明专利的申请受理量，组态路径也未发生改变。因此可以认为，分析结果具有一定的稳健性。

5.3.5　小结及提升区域创新主体协同作用的思路

通过研究发现促进区域创新路径并不是唯一的，是多种路径共同作用的结果。四螺旋区域创新体系的构建摆脱了传统的边际分析和最优均衡的思想，采用组态视角来看待案例的多重并发因果关系，寻求提升区域创新效率的多元路径。研究表明我国的区域创新体系具有多种类型，为充分发挥各个创新主体之间的联系和对创新的促进作用，应针对不同区域的特点以及所处的创新发展道路，选择不同的解决方案。通过构建完善的创新发展的四螺旋结构，充分利用各创新主体优势，完善要素市场配置，提升创新效率，才能稳步推进创新驱动协调发展。

第一，对于处于研究型创新路径1a、1b的省份，由于企业未充分参与多元主体的互动交流，研究成果与转化之间存在阻碍，代表案例有四川、重庆、辽宁和黑龙江等。这些地区为加速创新发展，应充分发挥企业的作用，利用其巨大的资金支持和科研成果需求，加速科技成果转化；政府应重点投入创新环境的营造和改善方面，利用良好的创新环境，促进企业融入；高校和研究机构应针对当地企业的特点，进行相匹配的研究，从而缓解生产与转化之间的矛盾。对于传统型组态路径 2 而言，产学研三个创新主体形成了传统的三螺旋结构，研究机构技术优势、成果转化优势未得到充分发挥。高校导向型组态路径 5 是在路径 2 的基础上，融入研发机构与高校的联系，但仍存在研究开发机构与企业交流不畅的弊端。因此，这两种路径中，企业应重视研发机构在技术产出和转发的突出作用，增加资金投入和加强技术合作交流。组态 3 和组态 4 分别为企业导向型和激励型，前者应更充分利用自身的创新资源以及外部的知识补充进行高新技术发展，并实现重点领域的自主知识产权市场化运营，以响应国家出台的《关于构建更加完善的要素市场配置体制机制的意见》，完善科技创新资源配置；激励性则应该以政府和企业巨大的资金支持为依托，加速创新，不断提高科技水平，而不是以外部资金支持而放缓自身的创新发展和创新潜力的激发。

第二，研究表明北京、上海、广东、山东、浙江和江苏在多种路径中均有出现，这些地区创新体系相对完善。并且由于其均位于沿海地区，创新要素密集，创新资源流动顺畅。这些省份可以通过利用其优越的高校资源，继续加大科研投入和产出，建设一批高水平创新型高校，使这些创新型高校成为创新发展的重要推动力。此外，政府也应稳步推进科研立项等方面的改革和市场化社会化科研成果评价制度的建立，为科研成果的产出和转化提供保障。以期在国家政策的支持下实现以高校创新为主导，企业创新为辅助，政府支持为补充，科研机构并进的高效率区域创新发展路径，以完善的四螺旋创新结构充分发挥多元创新主体交流合作和区域创新水平的整体提升。

第三，在进行数据的校准和经过一致性阈值的筛选后，新疆、青海、宁夏和广西等地区被排除在上述的组态路径中。这在一定程度上说明这些处于相对欠发达地区的省份创新动力仍显不足，政府、企业、研究机构和高校之间的联系均较为薄弱，创新要素的流动存在着巨大障碍。企业难以利用除自身之外的创新成果，生产效益的低下又会正反馈作用于高校和科研机构，导致科研经费的投入减少，形成创新要素循环不畅的恶性循环。对于这类地区，政府作为政策的主要制定者和执行者，应该制定出台一系列政策鼓励投资，加大对企业的补贴和税收优惠；增加对高校和科研机构的资金投入，为实现科研成果的顺利转化给予经费支持。利用政府的扶持，先向着传统的三螺旋或者激励型等创新发展路径转变，积蓄创新动力，再不断向完善的四螺旋创新体系迈进，以实现创新驱动发展。

6 驱动机制与区域创新的实证研究

根据前文的分析，区域创新的发展与要素集聚、贸易开放、创新环境建设、产业集聚以及知识溢出等存在重要关联，结合其存在的空间效应，本章将空间性纳入模型分析，建立空间计量模型，以实证模型来检验驱动机制与区域创新的关系。

6.1 空间计量基础模型

空间计量分析经过长时间的迅速发展，目前常用的空间计量模型包括空间自回归模型（SAR）又称空间滞后模型、空间误差模型（SEM）、空间自滞后模型（SLX）和空间杜宾模型（SDM）等。其中，空间自回归模型主要用来研究被解释变量的空间依赖性，分析被解释变量在某一地区是否存在空间溢出与扩散效应，模型如式（6-1）所示：

$$Y = \rho WY + X\beta + \varepsilon, \quad \varepsilon \sim N(0, \sigma^2 I) \tag{6-1}$$

式（6-1）中，ρ 是空间回归系数，W 是空间权重矩阵，WY 是因变量的空间影响，β 是相关解释变量的回归系数，ε 是误差项。

空间误差模型（SEM）主要用来研究误差项的空间相关性，模型如式（6-2）所示：

$$\begin{cases} Y=X\beta+\varepsilon \\ \varepsilon=\lambda W\varepsilon+\xi, \ \xi \sim N(0, \ \sigma^2 I) \end{cases} \tag{6-2}$$

在式（6-2）中，W、β 和 ε 含义与前述一致，λ 代表误差项的空间系数，ξ 是正态分布的随机误差项。

空间自滞后模型（SLX）研究的是自变量的空间相关性，分析自变量是否与其相邻地区相关，模型如式（6-3）所示：

$$Y=X\beta+WX\theta+\varepsilon, \ \varepsilon \sim N(0, \ \sigma^2 I) \tag{6-3}$$

式（6-3）中，W、β 和 ε 含义与前述一致，WX 是自变量的空间滞后影响，θ 是解释变量空间滞后项的回归系数。

空间杜宾模型则同时包含了空间因变量和自变量的空间相关性，模型如式（6-4）所示：

$$Y=X\beta+\rho WY+WX\theta+\varepsilon, \ \varepsilon \sim N(0, \ \sigma^2 I) \tag{6-4}$$

式（6-4）其实就是前面三个公式的结合，既包含因变量的空间影响，也包含自变量和误差项的空间影响，该模型既体现了各个地区之间的空间相关性，也认为解释变量对区域创新存在空间关联。

6.2　区域创新实证模型的构建与变量说明

根据 Furman（2002）分析框架与知识生产函数，构建双对数线性区域创新分析空间计量模型，其中空间自回归模型（SAR）为：

$$\ln INV_{it} = \rho W \ln INV_{it} + \beta_1 \ln ACF_{it} + \beta_2 \ln IE_{it} + \beta_3 \ln IA_{it} + \beta_4 \ln EXP_{it} + \beta_5 \ln WKS_{it} +$$

$$\beta_6 \ln IMPORT_{it} + \beta_7 \ln NA_{it} + \varepsilon_{it} \tag{6-5}$$

空间误差模型（SEM）为：

$$\begin{cases} \ln INV_{it} = \beta_1 \ln ACF_{it} + \beta_2 \ln IE_{it} + \beta_3 \ln IA_{it} + \beta_4 \ln EXP_{it} + \beta_5 \ln WKS_{it} + \\ \qquad \beta_6 \ln IMPORT_{it} + \beta_7 \ln NA_{it} + \varepsilon_{it} \\ \varepsilon_{it} = \lambda W \varepsilon_{it} + \xi_{it} \end{cases} \tag{6-6}$$

空间自滞后模型（SLX）为：

$$\ln INV_{it} = \beta_1 \ln ACF_{it} + \beta_2 \ln IE_{it} + \beta_3 \ln IA_{it} + \beta_4 \ln EXP_{it} + \beta_5 \ln WKS_{it} + \beta_6 \ln IMPORT_{it} +$$

$$\beta_7 \ln NA_{it} + \theta_1 W \ln ACF_{it} + \theta_2 W \ln IE_{it} + \theta_3 W \ln IA_{it} + \theta_4 W \ln EXP_{it} + \theta_5 W \ln WKS_{it} +$$

$$\theta_6 W \ln IMPORT_{it} + \theta_7 W \ln NA_{it} + \varepsilon_{it} \tag{6-7}$$

空间杜宾模型（SDM）为：

$$\ln INV_{it} = \beta_1 \ln ACF_{it} + \beta_2 \ln IE_{it} + \beta_3 \ln IA_{it} + \beta_4 \ln EXP_{it} + \beta_5 \ln WKS_{it} + \beta_6 \ln IMPORT_{it} +$$

$$\beta_7 \ln NA_{it} + \rho W \ln INV_{it} + \theta_1 W \ln ACF_{it} + \theta_2 W \ln IE_{it} + \theta_3 W \ln IA_{it} + \theta_4 W \ln EXP_{it} + \theta_5 W \ln WKS_{it} +$$

$$\theta_6 W \ln IMPORT_{it} + \theta_7 W \ln NA_{it} + \varepsilon_{it} \tag{6-8}$$

式（6-5）至式（6-8）中所涉及的变量具体含义如下：

（1）因变量。区域创新（INV），此处选取发明专利申请数。因为我国的专利申请需要经过长时间的审核，发明申请数相对更具有时效性，为更准确地表述各地区对应年份的创新产出成果，本节做实证分析时以各省份的发明专利申请受理数作为衡量指标。

（2）核心解释变量与控制变量。创新资本要素集聚（ACF），该指标根据式（6-9）计算得出：

$$ACF_{ij} = \frac{Ca_{it}}{\sum\limits_{i=1}^{30} Ca_{it}} \tag{6-9}$$

其中，ACF_{it} 即为 i 省份 t 时期创新资本要素集聚度，Ca_{it} 为 i 省份 t 时期的创新资本存量数据，$\sum_{i=1}^{30} Ca_{it}$ 为 t 年所有省份创新资本存量数据之和。创新资本存量数据根据 R&D 投资指数计算，并参考吴延兵（2006）、白俊红等（2017）的研究，将相关折旧率设定为 15%。要素集聚有利于区域创新发展，因此提出假设，系数应当为正。

创新环境评价值（IE），根据前文所述的熵值法从金融、基础设施、市场、劳动者素质、创业和制度六个子环境系统构建指标体系来综合计算区域创新环境评价值，区域创新环境是区域创新发展的基础前提，因此假设其对区域创新发展具有显著的推动作用。

产业集聚度（IA），该指标利用区位熵的方法，计算出各省份的产业集聚情况，具体公式如式（6-10）所示：

$$IA_i = \frac{E_{im}/E_i}{E_m/E} \tag{6-10}$$

式（6-10）中 E_{im} 为地区 i 的制造业就业人数，E_i 为地区 i 的就业人数，E_m 为全国的制造业就业人数，E 为全国的就业人数。产业集聚对区域创新的发展具有一定的促进作用，假设其系数为正。

研究与开发投入（EXP），此处选取各地区 R&D 经费内部支出，并按照 10%的折旧率进行了存量处理。研发投入是促进地区创新产出的重要因素，因此提出假设，系数应当为正。

知识溢出（WKS），知识溢出即知识存量 KS 左乘空间权重矩阵所得，此处选取经济距离逆矩阵作为空间权重矩阵。而初始知识存量根据公式 $KS_0 = \frac{K'_0}{\delta'+g'}$ 计算 2005 年的知识存量，之后各年份的资本存量按公式 $KS_t = KS_{t-1}(1-\delta') + K'_t$ 计算。K'_0 为各地区初始年发明专利授权数，K'_t 为各地区 t 时期发明专利授权数，KS 为各地区各年份的知识存量，δ' 为知识折旧率，在这里取

15%，g'为各地区发明专利授权数增长率，在此处以 2005～2016 年各地区发明专利授权数的几何增长率表征。知识溢出能够通过空间互动来实现各区域的协同创新，因此假设其吸收为正。

对外开放程度（IMPORT），用进口贸易额占地区 GDP 的比重来衡量。通常来说实施对外开放政策的地区，其发展活力会更加强劲。对外开放程度越高，越容易获得不同于本地区的思维和观念，同时也会增强本地区的竞争，因此对外开放程度应对区域创新起到促进作用。

国有化程度（NA），本研究用各地区国有经济产出占该地 GDP 的份额来衡量。国有经济作为区域经济的重要组成部分，作为国家的主要经济力量，通常会更加重视创新，因此国有经济份额越高的区域，创新产出也应该越多，因此提出假设，系数应为正。

6.3　区域创新实证模型的检验估计

6.3.1　空间计量模型的选择

为提高实证分析的准确性，本节分别利用传统面板回归模型（OLS）和 SAR、SEM、SLX、SDM 四种空间计量模型来对各种驱动机制对区域创新的影响进行实证分析。由于四种空间计量模型对空间相关性的假设不同，因此具有不同的经济意义，所以应进一步通过检验来判断选取哪种空间计量模型。常用的空间计量模型选择方法有赤池信息准则（AIC）、对数似然值（Log-L）、LR 检验和 Wald 检验。

6.3.1.1　Hausman 检验

首先，通过 Hausman 检验判断选择固定效应还是随机效应，使用 STATA 软件对 OLS 模型、SAR 模型、SEM 模型、SLX 模型和 SDM 模型进行 Hausman 检验，结果如表 6-1 所示。

表 6-1　Hausman 检验结果

模型	t 统计量	p 值
OLS	121. 33	0. 0000
SAR	−3. 51	0. 8339
SEM	−5. 33	0. 6196
SLX	99. 92	0. 0000
SDM	−7. 67	0. 3627

由表 6-1 可得，五种模型的 Hausman 检验结果统计量各不相同。其中，OLS 模型和 SLX 模型的统计量绝对值较大，且均能在 1% 的水平下通过显著性检验，因此应拒绝随机效应的原假设，选择固定效应模型进行分析。而 SAR 模型、SEM 模型和 SDM 模型的统计量绝对值较大，且并未通过显著性检验，因此应选取随机效应模型。

6.3.1.2　Wald 检验和 LR 检验

无论是 SEM 模型、SLX 模型还是 SAR 模型，其本身都是 SDM 模型的一种简化形式，接下来需要通过检验判断 SDM 模型是否可以退化为三种基础模型。

本节采用 Wald 检验和 LR 检验来判断。通过 SDM 模型估计的参数结果，检验原假设 H_{01}：$\theta = 0$ 判断 SDM 模型是否能转化为 SAR 模型。检验原假设 H_{02}：$\theta = -\rho\beta$ 判断 SDM 模型是否能转化为 SEM 模型。检验原假设 H_{03}：$\rho = 0$ 判断 SDM 模型是否能转化为 SLX 模型。

对 SDM 模型和 SAR 模型进行检验的 Wald 统计量和 LR 统计量分别为 44. 88 和 43. 10，且均通过了 1% 显著性水平下的检验，表示 SDM 模型不能转化为 SAR 模型。对 SDM 模型和 SEM 模型进行检验的 Wald 统计量和 LR 统计量分别为 44.89 和 57.06，且均通过了 1% 显著性水平下的检验，因此 SDM 模型不能转化为 SEM 模型。而对 SDM 模型和 SLX 模型的 Wald 检验和 LR 检验结果分别为 9.06 和 5.34，其中 Wald 统计量通过了 1% 显著性水平下的检验，而 LR 统计量通过了 5% 显著性水平下的检验，因此 SDM 模型不能转化为 SLX 模型。

综合上述结果，Wald 检验和 LR 检验结果表明 SDM 模型不能简化为 SAR 模型、SEM 模型和 SLX 模型，同时 Hausman 检验支持选择随机效应，因此本节选取随机效应下的 SDM 模型最为恰当。

6.3.2 实证结果

本节利用 STATA 软件，对 SDM 模型进行估计，按照 Hausman 检验的结果选取相应的固定或随机效应，同时为便于比较将 OLS 模型、SAR 模型、SEM 模型、SLX 模型的结果同时进行汇报，结果如表 6-2 所示。

表 6-2　模型估计结果

Variable	OLS（fe）	SAR	SEM	SLX（fe）	SDM
lnACF	−0.3861***	0.1773*	−0.0285	−0.4137***	0.1823*
	(−2.6586)	(1.8443)	(−0.2943)	(−2.6958)	(1.6839)
lnIE	0.0608	0.1814**	0.1196	0.0373	0.1731**
	(0.6196)	(1.9674)	(1.2910)	(0.3809)	(1.9891)
lnIA	0.5614***	0.5978***	0.4715***	0.4874***	0.6812***
	(4.2344)	(5.1362)	(4.0818)	(3.2669)	(5.8505)
lnEXP	0.3474***	0.3746***	0.6637***	0.7007***	0.3889***
	(4.5847)	(5.3505)	(8.9538)	(8.5270)	(4.7197)
lnWKS	0.6743***	0.2660***	0.3072***	−0.0485	0.0704
	(9.1107)	(3.6977)	(3.9100)	(−1.0107)	(0.7829)
lnIMPORT	−0.0816*	−0.0673	−0.0813**	0.3557***	−0.0309
	(−1.7599)	(−1.6426)	(−1.9962)	(4.2539)	(−0.7752)

续表

Variable	OLS（fe）	SAR	SEM	SLX（fe）	SDM
lnNA	0.4354**	0.2745*	0.2998*	0.7037***	0.3538**
	（2.1430）	（1.7267）	（1.8050）	（3.1356）	（2.2059）
rho		0.3784***			0.2506***
		（6.1819）			（3.0101）
lgt_theta		-1.7292***			-1.9734***
		（-8.6682）			（-9.9882）
ln_phi			1.2164***		
			（3.3592）		
sigma2_e		0.0682***	0.0715***		0.0584***
		（11.8318）	（11.7549）		（11.9010）
lambda			0.4498***		
			（4.9733）		
Constant	2.8281*	1.6419	-0.6066	-0.0430	13.7114***
	（1.7997）	（1.2017）	（-0.4096）	（-0.0141）	（4.2754）
W×lnACF				159.4026***	0.4061
				（-2.6805）	（1.6182）
W×lnIE				6.3513	0.0565
				（0.2945）	（0.2432）
W×lnIA				66.2134*	-0.6776**
				（1.8792）	（-2.1091）
W×lnEXP				20.1805	-0.6447***
				（1.3886）	（-4.5509）
W×lnWKS				-12.2383	0.8845***
				（-1.4824）	（5.5507）
W×lnIMPORT				-25.3732*	0.1580*
				（-1.9082）	（1.6713）
W×lnNA				-22.1633	-0.3678
				（-0.6374）	（-1.1416）
Observations	330	330	330	330	330
R-squared	0.9084	0.9061	0.8977	0.9137	0.9244

注：括号内为标准误差，且***表示 p<0.01，**表示 p<0.05，*表示 p<0.1。

从 R^2 来看，OLS 模型和 SAR 模型、SEM 模型的值相差不大，而 SLX 模型和 SDM 模型的 R^2 明显提高，且 SDM 模型的 R^2 是最高的，也印证了 SDM 模型是最优的。

根据表 6-2 中 SDM 模型的回归结果可得，在基础回归结果中，创新资本要素集聚、创新环境、产业集聚、研发投入和国有化程度均能显著促进区域创新，而知识溢出和对外开放水平不显著，同时对外开放水平对区域创新起到抑制作用。在空间交互性回归结果中，创新资本要素集聚的空间交互性濒临显著为正，产业集聚和研发投入则显著为负，知识溢出和对外开放的空间交互性显著为正，创新环境和国有化程度则不显著。

SDM 模型反映了不同地区的各类变量与区域创新的空间相关性，因此不能简单地通过其回归系数进行解释。为了更好地揭示解释变量对区域创新的空间效应，本节利用 SDM 偏微分方法将总效应分解为直接效应和间接效应。直接效应表示某一地区各解释变量对本地区区域创新的影响，间接效应则表示某一地区各个解释变量对于相邻地区区域创新的影响。

由表 6-3 可得，创新资本要素集聚对区域创新的直接效应、间接效应和总效应均可以通过 10% 水平下显著性检验，表明本地区和其他地区的创新资本要素集聚有助于提升本地区的区域创新，同时，在全国范围内提高创新资本要素集聚也可以促进区域创新。

表 6-3 空间杜宾模型效应分解

Variable	直接效应	p 值	间接效应	p 值	总效应	p 值
lnACF	0.2054*	0.062	0.6031*	0.052	0.8085**	0.013
lnIE	0.1739**	0.042	0.1289	0.674	0.3028	0.369
lnIA	0.6714***	0.000	−0.6713	0.111	0.0002	1.000
lnEXP	0.3620***	0.000	−0.6982***	0.000	−0.3362*	0.069

续表

Variable	直接效应	p 值	间接效应	p 值	总效应	p 值
lnWKS	0.1059	0.206	1.1634***	0.000	1.2693***	0.000
lnIMPORT	−0.0235	0.551	0.2027	0.116	0.1792	0.210
lnNA	0.3390**	0.040	−0.3535	0.373	−0.0145	0.973

注：***表示 p<0.01，**表示 p<0.05，*表示 p<0.1。

　　创新环境对区域创新的直接效应在 5% 的水平下显著为正，表明良好的创新环境可以显著促进本地区的区域创新产出，这与常识中一个好的创新环境可以孕育出更多创新成果的观念相同。对应的间接效应与总效用为正但不显著，表明创新环境并不必然会存在空间溢出效应。

　　产业集聚对区域创新的直接效应在 1% 的水平下显著为正，这表明产业集聚对推动本地区的区域创新起到了积极作用，产业集聚可以推进企业间的沟通交流，为提升技术水平、促进企业创新创造了条件。而间接效应和总效应均不显著，其中间接效应的相关系数为负。

　　研发投入对区域创新的直接效应在 1% 的水平下显著为正，表明增加本地区的研发投入确实可以提升本地区的区域创新。但间接效应和总效应显著为负，这表明其他地区和全国范围的研发投入会抑制区域创新，产生这种结果的原因可能是研发投入一方面会对其他地区产生虹吸影响，抑制其他地区的区域创新，另一方面当研发达到一定值后，产生负边际效应，并不能持续提升区域创新，因此各地区在进行研发投入时，应重点关注研发投入的利用效率而不仅仅是投入额。

　　知识溢出对区域创新的直接效应并不显著，表明本地区的知识溢出对本地区的区域创新起到的作用并不明确。而间接效应和总效应均在 1% 的水平下显著为正，这表明其他地区的知识溢出和全国范围的知识溢出均可以对本地区的区域创新起到积极作用。

对外开放程度对区域创新的直接效应并不显著，而间接效应接近显著为正，表示其他地区的对外开放会提升本地区的区域创新，总效应则十分不显著。

国有化程度对区域创新的直接效应显著为正，表明国有化程度对本地区的区域创新产出存在促进作用。原因是国有化经济作为国家政策贯彻落实的重要载体，对国家大力推进区域创新的相关政策会更加重视。然而其间接效应和总效应并不显著，表明对于其他地区与总体而言，国有化程度越高就会产生更多的创新产出，因此从全局来看，逐步减少对市场的把控，鼓励民营企业独立进行创新发展也可能是一种推进创新的途径。

6.3.3 稳健性检验

为了检验结果是否稳健，本节改用地理距离空间权重矩阵和地理邻接矩阵进行 SDM 模型的实证回归，另外将被解释变量替换为发明专利授权数进行回归检验，为便于比较，将前文的回归结果同时列于表6-4中。

表6-4 模型估计结果

Variable	SDM 经济距离矩阵	SDM 地理邻接矩阵	SDM 地理距离矩阵	SDM 替换变量为发明专利授权数
lnACF	0.1823 * (1.6839)	0.3405 *** (3.1118)	0.2601 ** (2.2756)	0.4969 *** (5.2125)
lnIE	0.1731 ** (1.9891)	0.1255 (1.3835)	0.1366 (1.5189)	0.1189 * (1.6805)
lnIA	0.6812 *** (5.8505)	0.5246 *** (4.4293)	0.6352 *** (5.1702)	0.4438 *** (4.6181)
lnEXP	0.3889 *** (4.7197)	0.2580 *** (3.1531)	0.3113 *** (3.6186)	0.1204 * (1.8153)
lnWKS	0.0704 (0.7829)	0.0996 (1.1132)	0.0763 (0.8420)	0.3464 *** (4.5504)

续表

Variable	SDM 经济距离矩阵	SDM 地理邻接矩阵	SDM 地理距离矩阵	SDM 替换变量为发明专利授权数
lnIMPORT	−0.0309 (−0.7752)	−0.0313 (−0.7639)	−0.0119 (−0.2911)	−0.0664** (−2.0069)
lnNA	0.3538** (2.2059)	0.2355 (1.4089)	0.3682** (2.1956)	0.1687 (1.2524)
rho	0.2506*** (3.0101)	0.2203*** (2.9729)	0.1372 (0.8188)	0.2330*** (2.7776)
lgt_theta	−1.9734*** (−9.9882)	−1.7837*** (−7.8756)	−1.8305*** (−8.8701)	−2.1296*** (−10.1566)
sigma2_e	0.0584*** (11.9010)	0.0629*** (11.6382)	0.0618*** (11.8606)	0.0381*** (11.8059)
Constant	13.7114*** (4.2754)	1.3510 (0.5458)	9.5250* (1.8402)	13.4415*** (4.7957)
W×lnACF	0.4061 (1.6182)	−0.2295 (−1.1976)	0.0488 (0.0785)	0.0608 (0.2802)
W×lnIE	0.0565 (0.2432)	−0.2765 (−1.6090)	−0.5626 (−1.0019)	0.2430 (1.2725)
W×lnIA	−0.6776** (−2.1091)	−0.6288*** (−2.8538)	0.3900 (0.5415)	−0.6629** (−2.5012)
W×lnEXP	−0.6447*** (−4.5509)	−0.0098 (−0.0735)	−0.5598*** (−2.8099)	−0.2821** (−2.4584)
W×lnWKS	0.8845*** (5.5507)	0.3599*** (2.8247)	0.9530*** (3.3800)	0.6067*** (4.1527)
W×lnIMPORT	0.1580* (1.6713)	0.0861 (1.0910)	0.2867 (1.5345)	0.0250 (0.3240)
W×lnNA	−0.3678 (−1.1416)	−0.8847*** (−2.8454)	−1.3155*** (−2.8406)	0.7938*** (2.7510)
Observations	330	330	330	330
R-squared	0.9244	0.9178	0.9223	0.9511

注：括号内为标准误差，且***表示p<0.01，**表示p<0.05，*表示p<0.1。

由表6-4可知,在更换不同的空间权重矩阵后,地理邻接矩阵和地理距离矩阵下的常规回归结果没太大变化,而空间交互性回归结果有一定差别,究其原因是经济距离矩阵是根据不同省份的经济差距计算的,而地理邻接矩阵和地理距离矩阵衡量的是客观地理条件,用经济距离矩阵可以更好地将经济差距通过空间回归形式变现出来,由于常规回归结果变化并不大,可以认为其稳健。此外,将被解释变量更换为发明专利授权数,重新进行检验,回归结果的变化并不大,因此可以认为该结果基本稳健可靠。

7 区域创新发展的案例研究

7.1 长江经济带的产业集聚与创新发展

7.1.1 长江经济带的高技术产业集聚

长江经济带横跨我国东中西三大区域，覆盖上海、江苏、浙江、安徽、江西、湖北、湖南、重庆、四川、云南、贵州 11 省（市），面积约 205 万平方千米，约占全国的 21%，人口与经济总量占全国比重均超过 40%，具有独特优势和巨大发展潜力。由于云南地区的高技术产业数据较难获得，所以研究中剔除掉云南地区，选取上海、江苏、浙江、安徽、江西、湖北、湖南、重庆、四川、贵州等长江经济带十省份的总体数据进行研究，数据时间跨度为 2005 ~ 2017 年，数据来自《中国高新技术产业统计年鉴》《中国统计年鉴》《中国科技统计年鉴》《中国区域经济统计年鉴》《中国劳动统计年鉴》等。

姚敏和许红（2008）认为高技术产业集聚属于产业集聚的一种，作为产业演化进程中的一种地缘现象，它是各国经济发展过程中的必然产物。世界上许多国家已经形成了高水平的高技术产业集聚园区，如美国的硅谷、印度的班加罗尔、英国的剑桥、中国的中关村等，它们是创新的集中地，凭借雄厚的科技、人才优势成为众多高新技术企业的驻地。近年来，众多的研究显示高技术产业的集聚对区域创新有明显推动作用，本节通过对长江经济带的产业集聚进行测度，并构建计量模型分析产业集聚对区域创新的影响。

在测度产业集聚度的众多方法中，区位商由于其计算方便，数据易于获得等优势具有较高的认可，运用区位商计算时采用的数据大致包括行业就业人数和行业产业增加值两类（吕承超，2016）。本节采用就业人数数据来计算区位商，具体的计算公式如式（7-1）所示：

$$M_{it} = (c_{it}/c_t)/(p_{it}/p_t) \qquad (7-1)$$

式（7-1）中，M_{it} 表示地区 i 在 t 时期的高技术产业专业化程度，c_{it} 表示地区 i 在 t 时期的高技术产业就业人数，p_{it} 表示地区 i 在 t 时刻的就业人数，c_t 和 p_t 分别表示在 t 时期全国高技术产业就业人数和全国所有产业就业人数。一般来说，区位商越大，产业集聚水平也越高。

经过测算，长江经济带的高技术产业集聚统计特征如表7-1所示。

表 7-1　长江经济带的高技术产业集聚统计特征

变量	均值	标准差	最小值	最大值	样本数
产业集聚	1.05	1.15	5.16	38.43	130

表 7-1 中，产业集聚的均值 1.05 大于 1，表明我国长江经济带的高技术产业集聚的专业化程度比较高，高技术产业集聚趋势显著。

借鉴韩坚等（2017）的研究，本文通过 Eviews7.2 对数据进行分析，得到图 7-1。

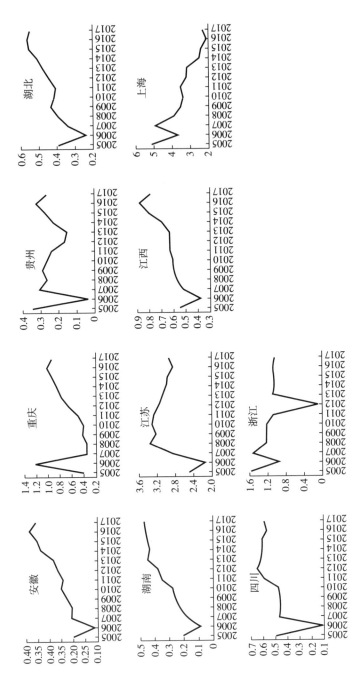

图 7-1 长江经济带各地区的产业集聚演变

从图7-1中可以看出，随着时间的推移，长江经济带地区各省份的产业集聚水平均有所下降，其中，江苏、浙江、上海等东部省市产业集聚水平逐年下降，有往中西部地区转移的趋势，中西部地区下降的幅度较小并有回升的趋势。

7.1.2 长江经济带的创新发展

专利是衡量技术创新的重要指标，专利引用促进了技术、企业、区域之间的相互联系，并通过产业集聚产生技术溢出从而影响区域创新能力，最后通过专利数量体现出来（刘军跃等，2014）。因此，专利数量在一定程度上体现了区域创新能力，本节利用长江经济带地区十个省市的专利授权数来表征区域创新能力。

经过数据的整理与分析，长江经济带的创新发展统计特征如表7-2所示。

表7-2　长江经济带的创新发展统计特征

变量	均值	标准差	最小值	最大值	样本数
创新发展	46422.88	63820.45	0.04	269944.00	130

表7-2中，产业集聚的均值处于较高的水平，说明长江经济带地区具有较强的创新能力。此外，从图7-2来看，长江经济带各省份的创新产出呈现逐步上升趋势，创新能力逐年增强。

7.1.3 长江经济带的高技术产业聚集与创新发展实证分析

本节对长江经济带的区域创新能力进行研究，重点考察高技术产业集聚的专业化程度对其产生的影响，主要解释变量为高技术产业的产业专业化程度，被解释变量为区域创新。同时，还考察了其他影响区域创新的因素作为控制变

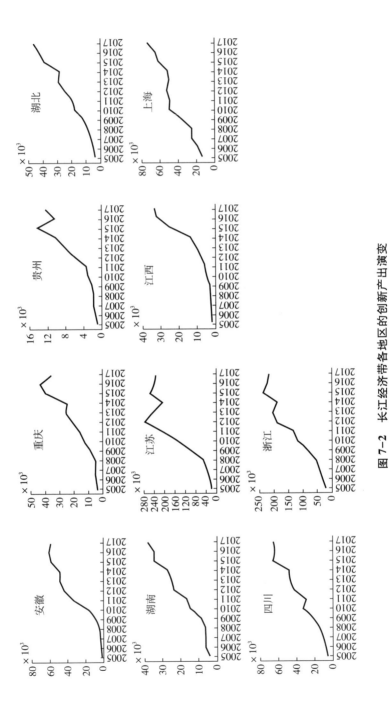

图 7-2　长江经济带各地区的创新产出演变

量，分别是对外开放程度、R&D 经费投入及人员投入、城市化水平等，实证结果如表 7-3 所示。

表 7-3　模型的回归结果分析

无滞后			滞后一期		
变量	系数	p 值	变量	系数	p 值
产业集聚	0.0684 (0.8600)	0.3915	产业集聚	0.1685* (1.8487)	0.0671
对外开放	−0.0002 (−1.1995)	0.2326	对外开放	−0.0004** (−2.0270)	0.0450
经费投入	0.1979*** (5.2300)	0.0000	经费投入	0.1938*** (4.4049)	0.0000
人员投入	0.9069*** (6.9366)	0.0000	人员投入	0.9982*** (6.8221)	0.0000
城市化	0.0320*** (3.2389)	0.0015	城市化	0.0278*** (2.7774)	0.0064
			创新产出 滞后一期	−2.00E-06 (−2.2550)	0.0261

注：***表示 $p<0.01$，**表示 $p<0.05$，*表示 $p<0.1$。

研究结果显示，高技术产业的集聚为长江经济带地区的创新带来的是显著的积极影响，当高技术产业集聚使地区的专业化程度较高的时候，它将推动着这个地区的产业不断地进行创新。主要原因如下：①聚集区内的企业处在更激烈的竞争环境中，研发强度与创新速度较之那些处于较弱竞争环境的企业而言相对较高，更容易产生 Porter 溢出（Porter，1998）。当产业专业化程度较高时，为了争夺市场份额，将会产生竞争效应。当每一个企业都争相去进行自主创新时，这个区域内的技术创新水平将会有所提高。②当产业专业化程度较高时，在一个区域内将形成一个大的高技术产业园区，这为高技术产业的发展提供了很好的发展平台，进而为区域的经济发展带来源源不断的动力。高技术产业集聚所带来的产业专业化有助于企业间的技术交流以及知识的发现和传播，促使区域创新能力的提升。

因此，高质量发展高技术产业，进一步促进高技术产业的集聚。一方面，政府通过对高新区进行高质量建设，完善园区的发展规划，监督各方做好园区的基础设施服务、人力资源服务、生活服务等，进而吸引更多的高技术产业入驻，加速形成高技术产业集聚区。另一方面，政府对本地区具有相对优势的高技术产业给予相应扶持，全力发展某几类高技术产业，打造一条至两条完整的高技术产业链，促成高技术产业的进一步集聚。如贵州的大数据产业快速发展，大量知名企业如华为、腾讯等纷纷落地贵州，产业的大规模集聚促使贵州的经济发展一时间呈加速状态，区域创新能力飞速提升（施晓丽和李艳婷，2019）。

7.2 福建省的区域创新发展

7.2.1 福建省区域创新的综合评价

7.2.1.1 福建省区域创新能力综合评价指标体系的构建

根据已有研究，关于区域创新能力的综合评价指标体系有两类：一种用单一指标来衡量，称为单因素评价，旨在使用单一化指标来进行评价比较；另一种用多元评价指标体系，即多因素评价，根据区域创新研究的相关理论，并遵从一定原则和理论，设计多维度包括多个层级的综合评价指标体系来进行评价比较。

区域创新能力是一个综合且系统性的概念，因此可以通过构建综合评价指标体系来进行测度，首先需要依据一个统一的评价维度，确保评价的科学性和可比性。其次是因地制宜，结合不同区域的实际情况和特殊需要，进行适当调整，从而针对性地建立福建省的区域创新能力综合评价指标体系。

在分析和研究涉及创新型国家、区域创新评价有关的研究成果后，本节根据福建省实际，在数据可得的情况下，确立了由 4 个一级维度，15 个二级指标构成的福建省 9 个地级市的区域创新能力综合评价指标体系如表 7-4 所示。

表 7-4　福建省各地级市区域创新能力综合评价指标体系

一级指标	二级指标	备注
创新环境	国际互联网用户数（万户）	—
	固定电话和移动电话用户数（万户）	—
	高新技术企业数（家）	—
创新投入	R&D 经费投入强度（%）	—
	全社会固定资产投资额增长率（%）	—
	实际利用外商直接投资额增长率（%）	按验资口径
创新产出	万人发明专利授权数（件/万人）	发明专利数除以常住人口数
	人均 GDP（元/人）	进行价格指数处理
	第三产业增加值增长率（%）	—
	进出口商品总额增长率（%）	—
创新绩效	城镇居民人均可支配收入增长率（%）	—
	全部工业增加值增长率（%）	—
	高新技术产业产值增加值（亿元）	进行价格指数处理
	污水处理率（%）	—
	万元 GDP 能耗（吨标准煤/万元）	—

本节选择主成分分析和聚类分析两种方法分别从综合评价和层次聚类的角度对福建区域创新能力的现状进行分析。[①] 以上这两种方法刚好可以形成互补，从个体综合评价和层次两个角度对福建省区域创新能力进行立体综合评价，确保研究的科学性和全面性。本节数据主要来自历年《福建科技年鉴》、福建省及各地级市历年统计公报和统计年鉴、福建省政府、福建省科技厅、福

---

① 注：因篇幅原因，此处省略了综合评价方法的具体说明。

建省统计局等相关单位的官方网站。

7.2.1.2　基于主成分分析法的福建区域创新能力综合评价

依据主成分分析法的方法原理和步骤，对原始数据进行标准化和正向化处理，并将无量纲化数据导入 SPSS 软件中进行相应计算，计算结果如表 7-5 所示。

表 7-5　主成分计算结果

2005 年	主成分	初始特征值		
		合计	方差的%	累积%
	1	6.7270	44.8467	44.8467
	2	3.1465	20.977	65.8237
	3	1.7929	11.9524	77.7761
	4	1.7140	11.4266	89.2027
2010 年	主成分	初始特征值		
		合计	方差的%	累积%
	1	5.5284	36.8559	36.8559
	2	3.4658	23.1054	59.9613
	3	1.8354	12.2362	72.1974
	4	1.7372	11.5810	83.7785
2015 年	主成分	初始特征值		
		合计	方差的%	累积%
	1	7.7293	51.5285	51.5285
	2	2.254	15.0264	66.555
	3	1.8386	12.257	78.812
	4	1.5145	10.0966	88.9086

由表 7-5 可知，2005 年、2010 年和 2015 年的前四个主成分累计方差贡献率均超过 80%，表明前四个主成分的数值变化就可以基本代表所有参与综合评价的 15 项指标数值，因此确定主成分的个数为 4。

进一步计算出这三年的主成分分值和综合评价值，结果如表 7-6、表 7-7 和表 7-8 所示。

表7-6 主成分分值及综合评价（2005 年）

城市	第一主成分	第二主成分	第三主成分	第四主成分	综合评价值
福州	1.8082	2.9364	−1.5730	1.4757	1.5778
厦门	4.8822	1.3366	1.0066	1.5997	3.1086
莆田	−1.3759	−2.0375	−0.2145	0.3434	−1.1556
三明	−1.0901	−1.9653	3.5184	−3.0203	−0.9257
泉州	1.2894	3.3847	0.2983	1.0677	1.6209
漳州	−0.2229	−0.8129	−0.0433	0.9728	−0.1844
南平	−1.7667	−1.1936	−0.6436	−0.4218	−1.3092
龙岩	−1.9414	−0.6492	−2.2638	−2.3952	−1.7389
宁德	−1.5826	−0.9992	−0.0850	0.3781	−0.9936

表7-7 主成分分值及综合评价（2010 年）

城市	第一主成分	第二主成分	第三主成分	第四主成分	综合评价值
福州	0.8896	2.2257	−0.0949	2.8389	1.3838
厦门	5.5602	−0.3856	−0.4350	−2.0961	1.9864
莆田	−1.5287	0.1516	0.8479	0.2124	−0.4775
三明	−0.6645	−1.2123	0.1175	−0.5935	−0.6916
泉州	0.4898	2.7010	−2.7946	0.2769	0.5905
漳州	−0.7752	−0.0596	1.5235	0.7377	−0.0330
南平	−1.2346	−0.8713	−0.7111	0.0314	−0.8829
龙岩	−1.0602	−1.1266	−0.3606	0.3586	−0.7802
宁德	−1.6763	−1.4230	1.9073	−1.7664	−1.2710

表7-8 主成分分值及综合评价（2015 年）

城市	第一主成分	第二主成分	第三主成分	第四主成分	综合评价值
福州	2.1785	0.2708	−0.2367	−2.5985	0.9806
厦门	5.6223	−0.0839	−1.8695	0.3398	3.0252
莆田	−2.2282	1.6053	0.5820	1.0004	−0.8262
三明	−1.5552	−1.3120	−1.0741	0.3602	−1.2303
泉州	2.0748	−0.3919	0.9542	−0.6845	1.1901
漳州	−1.3384	1.8952	2.1681	0.7057	−0.0763

续表

城市	第一主成分	第二主成分	第三主成分	第四主成分	综合评价值
南平	−2.1775	−1.5638	1.4990	1.3167	−1.1702
龙岩	−0.6729	−0.8216	−0.3932	0.9967	−0.4699
宁德	−1.9033	0.4019	−1.6297	−1.4366	−1.4230

　　表7-6、表7-7、表7-8中主成分分值为正表明衡量该地区创新能力的某一方面（创新环境、创新投入、创新产出和创新绩效）的水平高于被评价所有地区的平均值，而为负值则表明处于被评价所有地区平均值以下，同时得分越高也说明该地区创新能力水平越高。

7.2.1.3　基于聚类分析法的福建区域创新能力综合评价

　　依据聚类分析方法的原理和步骤，将标准化后的数据导入SPSS软件中，选择层次聚类法，相似性测度方法选择平方欧氏距离，结果如图7-3、图7-4、图7-5所示。

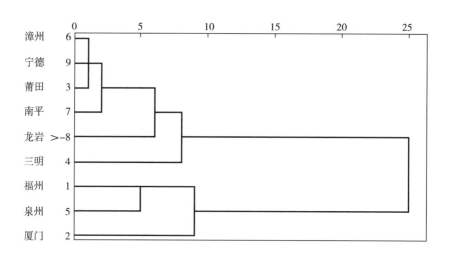

图7-3　2005年福建省各地级市区域创新能力聚类分析结果

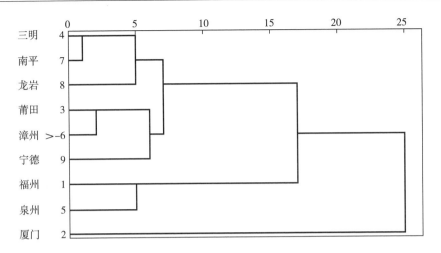

图 7-4 2010 年福建省各地级市区域创新能力聚类分析结果

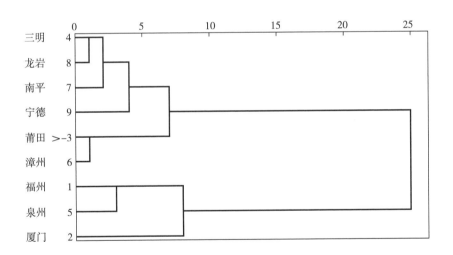

图 7-5 2015 年福建省各地级市区域创新能力聚类分析结果

如图 7-3、图 7-4、图 7-5 所示，福建省各地级市整体区域创新能力差距仍然较大，具有明显的层次性，且呈现动态变化。2005 年，厦门属于一类，福州和泉州归为一类，漳州、宁德、莆田、南平、龙岩、三明属于一类；2010

年，厦门、福州和泉州的分类维持原状，三明、南平、龙岩、漳州、莆田和宁德归为一类；2015 年，厦门、福州和泉州分类依然不变，但是漳州和莆田却摆脱了以往的分类，形成新的一类，剩下的三明、龙岩、南平和宁德依然组成一类。

7.2.1.4 福建区域创新能力的结果分析与评价

通过对结果进行横纵向分析，可以发现各地级市存在的相应问题，更好地发挥其比较优势和后发优势，实现区域创新能力的提升。

（1）福建省各地级市区域创新能力的横向分析。由图 7-6 可以看出，2005~2015 年莆田、三明、漳州、南平和宁德 5 个地级市的区域创新能力综合评价值都是有涨也有跌，基本变化不大。福州从 2005~2015 年一直小幅下跌，龙岩 2005~2015 年实现了很大幅度的提升。除此之外，厦门和泉州 2005~2010 年同时出现较大幅度的下滑，而到 2015 年又强势反弹，取得较大幅度的提高。

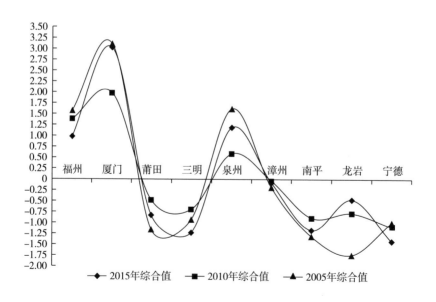

图 7-6 福建省各地级市综合评价值变化情况

具体分析福州连续下跌的原因，通过分析其不同时间点主成分值的变化可以发现：福州主要是受第二主成分和第四主成分的影响，而对应这两个主成分的原始指标是国际互联网用户数、高新技术企业数、R&D 经费投入强度和全社会固定资产投资额增长率。这些指标主要是从创新环境和创新投入两个层面衡量一个区域的创新能力，可以反映出福州在改善区域创新环境、优化创新基础设施和提高创新投入质量和效益方面投入仍显得不足，亟待解决（见图 7-7）。

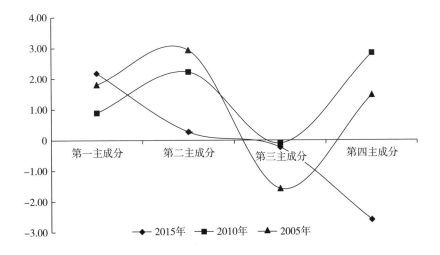

图 7-7　福州市各个主成分值的变化情况

从图 7-8 可以看出，龙岩之所以 2005～2015 年持续实现较快提升，主要得益于其第一、第三和第四主成分的较大提高。对应的原始指标是 R&D 经费投入强度、全社会固定资产投资额增长率、进出口商品总额增长率、全部工业增加值增长率和污水处理率这五个指标值的较大提升。说明龙岩在不断加大其创新投入，并且努力提升其创新产出水平，扩大创新能力提升带来的创新红利，同时还注重创新绩效问题，确保发展的质量和效益。

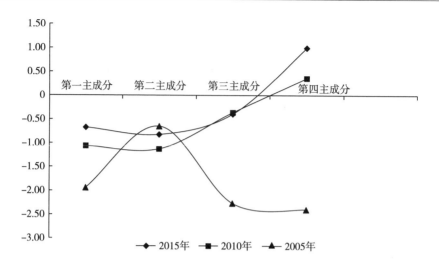

图 7-8 龙岩市各个主成分值的变化情况

2005~2010 年厦门和泉州同时出现较大幅度的下滑是有着共同的问题和原因，即 R&D 经费投入强度、全社会固定资产投资额增长率和进出口商品总额增长率这三个指标出现了明显的下滑，这背后是受世界性经济危机大环境的深层次影响。除此之外，泉州还受实际利用外商直接投资额增长率、第三产业增加值增长率和全部工业增加值增长率等指标不断下滑的拖累。反观两者 2015 年强势反弹的动力和原因明显不同：厦门主要得益于其下滑指标的强势反弹，即创新投入和创新产出两个层面的较大提升。而泉州是得益于其万人发明专利授权数、第三产业增加值增长率和全部工业增加值增长率这三个指标的"异军突起"，即创新产出和创新绩效两个层面的积极突破。

（2）福建省各地级市区域创新能力的纵向分析。进一步对各地级市的区域创新能力进行纵向分析。图 7-9 清晰地说明了各地级市在不同年份的区域创新能力情况。如图 7-9 所示，厦门、泉州和福州一直稳稳地占据前三名；莆田从 2005 年的第 7 上升到 2010 年的第 5，而 2015 年下滑一位，但基本保持中游水平；龙岩稳扎稳打，实现了从第 9 到第 7 再到第 5 的逆袭；而三明和宁德则恰恰相反，三明从 2005 年的第 5 一直下滑到 2010 年的第 6 和 2015 年的第 8，基本跌到了落后层级。宁德则是从第 6 直接跌至第 9，深陷末位的深渊；漳州一直位居第 4，稳稳地处于中上游的位置。

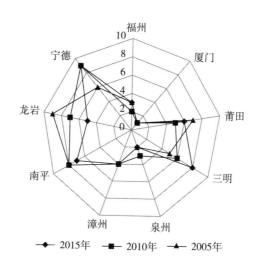

图 7-9　福建省各地级市区域创新能力综合情况

具体分析厦门、泉州和福州的领先优势，其主要在固定电话和移动电话用户数、万人发明专利授权数、污水处理率和高新技术产业产值增加值四个指标上明显高出其他 6 个地级市。此外，厦门在高新技术企业数、人均 GDP 和 R&D 经费投入强度三个指标上远远优于其他 8 个地级市。而莆田、龙岩、宁德和南平区域创新能力较低，主要是由于其在固定电话和移动电话用户数、万人发明专利授权数、污水处理率、高新技术产业产值增加值和 R&D 经费投入强度这五个指标上表现较差，这反映出其在各个方面均存在竞争劣势，亟须找出比较优势，提升创新环境和加大创新投入。而三明在高新技术企业数、第三产业增加值增长率和 R&D 经费投入强度等指标上与厦门、泉州和福州等领先城市的差距不断拉大。漳州稳稳地处于中上游水平，相比厦门、泉州和福州的差距在于万人发明专利授权数、高新技术企业数、人均 GDP 和 R&D 经费投入强度这四个指标，而与莆田、龙岩、宁德和南平四个地级市相比的优势在于第三产业增加值增长率、城镇居民人均可支配收入增长率和高新技术产业产值增加值这三个指标，这体现了其创新绩效层面的比较优势。

综上所述，福建省各地级市的区域创新能力变化与其经济社会发展现状基本一致，而且各地级市区域创新能力水平差距较大，具有较明显的层次性。区域创新能力较强的地级市在创新环境、创新投入、创新产出和创新绩效四个指标中的两个或三个指标具有明显的领先优势，而排名靠后的地级市则竞争力都不强，亟须科学考量，重点突破。

（3）福建区域创新能力的层次分析。聚类分析得出的结果说明福建省各地级市的创新能力具有明显的层次性。如表 7-9 所示，2005 年和 2010 年厦门为领先层级，福州和泉州为挑战层级，漳州、莆田、宁德、南平、龙岩、三明属于落后层级；而 2015 年分布态势出现变化，厦门依旧属于领先层级，福州和泉州属于挑战层级，但是莆田和漳州有摆脱落后层级，厚积薄发的趋势，将其归为追赶层级。虽然龙岩的区域创新能力取得了较大的提升，但是具体到创新环境、创新投入、创新产出和创新绩效的各项具体指标上其与领先层级甚至追赶层级城市的差距依然明显，存在较多的短板，故仍将其和三明、南平和宁德归为一类，属于落后层级。

表 7-9　福建各地级市区域创新能力层次分类情况

年份	领先层级	挑战层级	追赶层级	落后层级
2005	厦门	福州、泉州	—	漳州、莆田、宁德、南平、龙岩、三明
2010	厦门	福州、泉州	—	漳州、莆田、宁德、南平、龙岩、三明
2015	厦门	福州、泉州	漳州、莆田	宁德、南平、龙岩、三明

聚类分析的层级结果与主成分分析法得出的结果基本一致，这也佐证了基

于主成分分析得出的福建区域创新能力综合情况的科学合理性。

分析发现厦门一直处于领先层级且综合评价值保持在 1.8 以上，2005 年和 2015 年更是达到了 3 以上。厦门在创新环境、创新投入、创新产出和创新绩效四个方面均处于绝对领先地位，说明厦门的区域核心竞争力正在逐步增强；福州和泉州总是处于挑战层级，两者的相同特征在于在创新环境和创新绩效两个方面得分较高，而在创新投入和创新产出两个方面与厦门相比还有不小的差距。不同的是，相比剩下的 6 个地级市，福州主要是在创新投入和创新产出上表现较好，而泉州主要是创新环境和创新绩效上表现较好，当然这些比较优势与领先层级的厦门相比仍然具有不小差距；漳州和莆田实现了从落后层级向追赶层级的跨越，其之所以能够取得这番成就，得益于第三产业增加值增长率、城镇居民人均可支配收入增长率和全部工业增加值增长率三个指标的不断提升。当然两者相比厦门、福州和泉州的差距主要在于创新环境和创新投入上；而三明、龙岩、南平和宁德一直深陷落后层级，共同原因在于创新环境和创新投入的表现不够理想，此外三明和龙岩在创新绩效方面处于劣势，南平和宁德则主要在创新产出方面表现较差。

综上所述，福建省内各地级市整体上依旧呈现"领先、挑战、追赶和落后"四个层级的态势，区域差距仍然较大，部分城市仍存在不少问题和短板（施晓丽和徐鹏程，2017）。

7.2.2 科技服务业对区域创新发展的短板效应

福建省是海峡西岸经济区的主体区域，东临台湾海峡，西接广大腹地地区，南北分别与珠三角、长三角相邻，区位优势明显。现阶段，福建省实施创新驱动发展战略，坚持创新发展，最大限度释放创新创业创造动能以实现经济的高质量发展，然而福建省的科技服务业发展不尽如人意，因此对区域创新发展产生了一定的制约影响。

7.2.2.1 科技服务业的定义及特点

科技服务业是现代服务业发展中的重要一环，具有技术密集、服务密集、对经济的辐射作用强等特征，是影响区域经济发展的重要因素。2018 年 12 月，我国的《国民经济行业分类》（GB/T 4754—2017）修订完成，在修订后的行业分类中，将科技服务业分为科学研究与试验发展服务、专业化技术服务、科技推广及相关服务、科技信息服务、科技金融服务、科技普及和宣传教育服务、综合科技服务 7 个大类，并进一步细分为 24 个中类和 88 个小类，由此，科技服务业的定义逐步清晰，内涵日益明确。

科技服务业紧密联系经济活动和科技要素，是科技成果的供应者和需求者之间的重要纽带，具有促进科技研发和生产和推动产业升级的重要作用（陈如洁等，2019）。科技服务业的发展有助于实现科技资源的优化配置，实现科技成果的顺利转化。作为现代服务业的重要组成部分和发展的新兴业态，科技服务业具有知识密集、高附加值和双向互动的特点（吴标兵等，2015）。

7.2.2.2 科技服务业发展对区域创新发展的推动作用

有关科技服务业创新驱动力的研究主要围绕科技服务业集聚带来的正外部性与科技服务业的自身特点展开。科技服务业集聚是其驱动区域创新发展的主要形式，集聚的正外部性是促进创新发展的重要动力。谢臻和卜伟（2018）认为，科技服务业集聚可以显著提升区域创新能力和促进经济增长。曹允春和王尹君（2020）认为，科技服务业集聚与科技创新之间存在非线性门槛效应，当经济发展超越门槛时，科技服务业集聚才会发挥其对创新发展的正向促进作用，即"U"形门槛特征；而对相邻地区创新发展的影响则表现为倒"U"形关系。朱文涛和顾乃华（2017）运用空间杜宾模型对科技服务业集聚的本地效应和溢出效应进行实证分析，结果表明科技服务业集聚的本地效应会正向促进区域创新，而集聚带来的"虹吸效应"会形成对邻近地区创新能力的抑制。

科技服务业具备知识技术密集、产业关联度高等特点，能够有效促进区域创新发展，是实现资源优化配置，深化区域创新体系构筑的关键举措（俞彤晖，2018）。Kakaomerlioglu 和 Carlsson（1999）从企业层面进行研究分析，指出科技服务业是制造业企业提高创新能力和市场竞争能力的重要支撑。Drucker 和 Wartzman（2010）认为，科技服务业会显著促进企业创新，是企业创新活动中的重要载体和动力来源。张振刚等（2013）以珠三角地区科技服务业的地理区位特征和经济特征为切入点，研究发现：科技服务业对区域创新能力的影响处于一种动态演化的过程，科技服务业不仅表现出对区域创新发展的促进作用，也会因为空间溢出效应促进周边地区创新能力的提升。具体而言，科技服务业对区域创新的驱动机制表现为以下三点：

（1）促进创新环境优化，集聚创新要素。创新环境是区域创新活动赖以发生的基本前提，科技服务业发展有助于优化区域创新环境，如支持科技服务业发展的相关政策实际上就是区域创新软环境的重要构成。支持科技服务业发展的政策不仅包括创新资本投入的力度不断增强，也包括政府颁布实施的人才政策，以此吸引大批的专业人才资源。市场是引导资源优化配置最有效的手段，随着政策环境和创新投入产出环境的改进，公平、高效与开放的科技服务市场不断地发展壮大。创新环境带来的正外部性，刺激着相关产业和各种创新资源不断集聚。

（2）提供创新服务平台，提高创新效率。随着经济社会的不断发展，相关政策制度的完善，人才、资本等创新要素不断集聚，以及当今面临的大数据、云计算、物联网和区块链等科技发展前沿，科技服务业的创新平台服务功能越发重要。围绕相关优势产业以及科技发展前沿，打造高水平科技服务平台是科技服务业发展的必然选择，也是提高创新效率的必然选择。通过搭建高质高效的科技服务平台，强化其科技服务的中介作用，对接供需双方，做强服务于研究与开发、技术推广与应用和科技成果转化的产业主体；通过形成科技创新服务链，深化科技服务业与科技金融、高新技术企业、高校和科研机构等主体间的良性互动；通过科技服务平台加强科技要素的流动，逐渐破除科技成果转化障碍，不断实现创新效率的提高。

（3）增强产业协同，夯实创新驱动发展基础。科技服务业作为知识和高新技术的主要载体，担负着科技成果的产出和转化等诸多功能。科技服务业正逐渐形成与其他产业紧密联系的集聚区，在增进创新互动，产业协同的过程中，不断强化科技服务业的主体地位，以科技服务业为代表的知识密集型产业发展带动其他产业不断提高科技密集度与知识密集度，形成了创新发展的良性互动格局。因此，科技服务业的发展有利于增强以科技服务业为依托的产业协同发展格局，形成紧密的产业间关联，并以科技服务业的强大科技支撑作用为创新驱动发展夯实基础。

因此，在福建省实施创新驱动发展战略中，科技服务业的发展是前提也是重要途径，有必要对福建省的科技服务业的发展进行综合分析，探讨其发展现状，探寻其发展过程中存在的问题，并制定相应的政策来实现以科技服务业的发展推动福建省的创新驱动发展。

7.2.2.3 福建省科技服务业发展现状

（1）行业规模有明显的增长趋势。自福建省出台各项推动科技服务业发展的政策以来，福建省科技服务业的行业规模有了明显的扩张趋势，表现为科技服务业法人单位数、科技服务平台等的逐年增加，且增长趋势明显。

截至 2019 年底，福建省科技研究和技术服务业法人单位数达到了 4.04 万个，较 2018 年的 2.73 万个增加了 48%。① 目前，福建省建设了 18 家省级产业技术研究院和 31 家省级产业技术创新战略联盟，拥有国家重点实验室 10 个、省级创新实验室 4 个、省级重点实验室 216 个、国家级工程技术研究中心 7

---

① 福建省统计局，国家统计局福建调查总队 . 福建省统计年鉴 2020［M］. 北京：中国统计出版社，2020.

个、省级工程技术研究中心 527 个、省级新型研发机构 102 家，科技服务与研发平台不断完善。①

（2）科技服务业投入与产出逐年增加。科研经费投入是促进科技服务业发展，实现科技创新的重要驱动力量，主要包括企业用于内部基础研究、应用研究和试验开发的内部支出，用于委托高校或者研发机构的外部经费支出，政府的科技支出以及研发人员等人力物力资本投入。如图 7-10 所示，福建省的科技投入逐年增加，具体表现为政府一般财政预算科技支出不断增加，达到了 115. 25 亿元，相比于 2017 年增加了 15. 90%；此外，2018 年 R&D 内部经费支出和 R&D 人员投入同样呈现递增趋势，分别达到 642. 79 亿元和 243391 人。

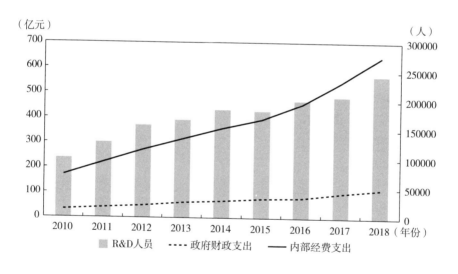

图 7-10　福建省科技服务业投入趋势

资料来源：历年《福建统计年鉴》。

---

① 福建省统计局 . 2019 年福建省国民经济和社会发展统计公报［EB/OL］. ［2020-02-27］. http://www.fujian. gov. cn/zwgk/sjfb/tigb/202003/t20200302_5206444. htm.

科技服务业的产出主要是指创新产出，即新知识、新技术、新工艺和新价值的产出。通常而言，技术市场成交额、专利申请量和授权量是反映创新产出的重要指标。近十年来，福建省的技术市场成交额逐年递增，2019 年福建省技术市场全年共登记技术合同 8786 项，成交额达到了 145.94 亿元，成交额相比于 2018 年增加了 31.54%。除此之外，专利授权量和申请量等科技成果产出同样表现一定的增长趋势（见图 7-12）。

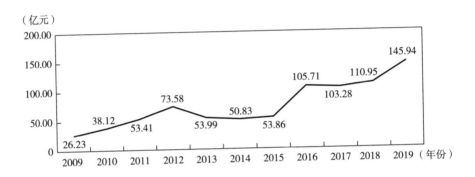

图 7-11　福建省科技服务业技术市场成交额增长趋势

资料来源：《福建统计年鉴 2020》。

图 7-12　福建省专利授权与申请数变化趋势

资料来源：《福建统计年鉴 2020》。

（3）产业发展环境逐步优化。福建省科技服务业的产业发展环境逐步优化。2015 年 8 月，福建省出台促进科技服务业发展的八条措施，以规划引领产业发展，建立完善有关部门的交流、信息互通机制，此外，明确提出科技服务企业也可享受与高新技术企业同样的科技保险优惠政策，以此提高科技服务企业的自主创新能力。同年，我国出台《促进科技成果转化法》，为高校、企业和科研机构的科技成果转化提供了政策支持。2016 年 4 月，福建省人民政府办公厅印发了《福建省"十三五"科技发展和创新驱动专项规划的通知》，针对创新基础薄弱、科技投入低、科技成果转化不畅的问题，提出相应解决方案。2019 年 10 月，福建省科学技术厅等四部门联合印发了《关于进一步促进高校和省属科研院所创新发展政策贯彻落实的七条措施》，大力支持科技成果权属改革，为科技成果转化提供便利。这些国家政策和福建省政府的诸多措施为福建省的科技服务业发展营造了良好的产业政策环境。

除此之外，福建省整体经济平稳健康发展，2019 年，全省 GDP 增长 7.6%。其中，第三产业增长较快，对经济增长的贡献率达到了 46.3%，对经济的拉动达到了 3.9%，政府公共预算支出中科技投入和 R&D 经费投入均逐年增加，良好的经济环境为福建省的科技服务业发展吸引了巨大的优质创新资源和创新要素。

福建省社会环境不断改善，城乡协调发展、新型城镇化和小城市培育试点持续推进，以福州、厦门、泉州为中心的城市体系日渐完善，科技服务业的发展空间日益扩大。此外，社会民生和基础医疗水平逐步提升，民生支出逐年递增，社会治理机制和平台建设也趋于完善。社会环境的改善吸引着大批创新人才的涌入和高新技术企业的进驻，为福建省科技服务业的持续、高质量发展提供驱动力。

（4）创新服务平台显著增强。福建省的科技服务平台发展迅猛。截至

2022 年底, 福建省共建设国家专业化众创空间备案示范 4 家、国家备案众创空间 81 家、省级众创空间 392 家, 国家级科技企业孵化器 23 家、省级科技企业孵化器 60 家, 在孵企业共计 6614 家, 科技服务创新平台数量较往年有较大增加。海峡技术转移中心升级成为国家技术转移海峡中心, 推动两岸技术合作, 实现科技成果的转化应用, 逐步发展成为链接海峡两岸创新资源要素技术转移的枢纽。福建省知识产权科技创新服务平台的建成运行, 承担起重要的科技资源有效配置、科技项目合作发展与科技供需信息共享等职能。各种国家级省级的工程技术研究中心也不断增加, 科研平台的发展壮大为福建省创新发展提供了契机, 为科技服务业发展营造了更加适于发展的环境。

福建省科技服务业虽然在近几年不断发展, 仍然存在较多的突出问题, 如科技要素投入不平衡、科技产出存在显著区域差异、科技产业发展潜力不一、科技服务业的产业关联不足等。

第一, 科技要素投入不平衡。

如表 7-10 所示, 福建省的科技要素投入不平衡状况较为突出, 科技服务要素投入主要集中在福州、厦门和泉州三地, 其他地区的资源相对匮乏。要素投入决定着科技服务业发展的强度, 由 2021 年的数据可知, 在 R&D 经费投入方面, 福州、厦门和泉州的数额较大, 投入最少的南平仅为福州的 10%, 仅占全省 R&D 经费投入的 2.68%。R&D 经费投入存在的巨大区域差异, 直接导致科技创新和科技服务的相关驱动力严重分化。

表 7-10　2021 年福建省各市要素投入情况

地区	R&D 经费投入（亿元）	R&D 经费投入强度（%）	R&D 人员数（人）	地方财政科技支出（亿元）
全省	968.73	1.98	347528	152.00
福州	257.40	2.27	89189	39.70
厦门	221.34	3.15	88347	50.56

续表

地区	R&D经费投入（亿元）	R&D经费投入强度（%）	R&D人员数（人）	地方财政科技支出（亿元）
莆田	49.65	1.72	16662	1.62
三明	37.37	1.27	10824	1.91
泉州	162.57	1.44	75010	17.50
漳州	72.80	1.45	25045	3.36
南平	25.96	1.23	11211	2.61
龙岩	64.63	2.10	16177	12.25
宁德	77.01	2.44	15063	8.02

资料来源：《福建统计年鉴2022》；福建省科技厅.福建省科学技术厅、福建省统计局关于2021年福建省科技发展主要指标情况的通知［EB/OL］.［2022-12-27］https：//kjt.fujian.gov.cn/xxgk/zfxxgkzl/zfxxgkml/yzdgkdqtxx/202212/t20221227_6084115.htm.

　　R&D人员是科技服务的重要投入之一，福州、厦门和泉州在R&D人员投入上同样在福建省处于领先地位，三市R&D人员数占全省的72.67%。由于漳州近些年努力发挥厦门、漳州、泉州同城化优势，大力发展现代新兴行业，其R&D人员数量也有了大规模提升。地方财政科技支出保障科技发展所需的资金，一定程度代表政府对科技事业发展的重视与支持。2021年，福州、厦门和泉州的地方财政科技支出在全省处于第一层次，两市地方财政科技支出总计高达90.26亿元，占据全省地方财政科技支出的59.38%以上。

　　第二，科技产出存在显著区域差异。

　　福建省的科技产出在区域间存在着较大的差异，由表7-11可知，2021年福州和厦门在发明专利拥有量和每万人发明专利拥有量上，都处于遥遥领先的地位，而莆田、三明、南平等市相对落后。福州和厦门由于其经济优势和产业特性，2021年两地技术市场合同成交额共计达198.39亿元，表现十分突出，然而莆田、三明、南平等技术市场合同成交额不足1亿元，福建省各市之间的科技产出差异可见一斑。

表7-11 2021年福建省各市科技产出情况

地区	发明专利拥有量（件）	每万人口发明专利拥有量（件）	技术市场合同成交额（亿元）
全省	62156	14.9	214.4
福州	20571	24.81	71.28
厦门	19543	37.87	127.11
莆田	1352	4.21	0.75
三明	999	4.01	0.70
泉州	11873	13.52	6.17
漳州	2656	5.26	2.10
南平	1009	3.88	0.80
龙岩	1634	6.01	1.10
宁德	2326	7.40	4.37

资料来源：福建省及各市国民经济和社会发展统计公报数据。

第三，科技产业发展潜力不一。

福建省各市的科技产业发展潜力不一，主要表现在高新技术企业在空间存在的分布失衡状况。高新技术企业既是科技服务业服务的供给者，同时也是科技服务的需求方，因此该类企业的数量是衡量地区科技产业发展潜力的重要指标。由表7-12可知，2021年，福建省的高新技术企业，厦门、福州、泉州三市占比超过80%，集聚现象突出，各地区发展失衡较为严重。

表7-12 2021年福建省各市高新技术企业情况

地区	高新技术企业（个）	占全省数量比例（%）
全省	8941	100.00
福州	2775	31.04
厦门	2801	31.33
莆田	204	2.28
三明	191	2.14
泉州	1651	18.47
漳州	588	6.58
南平	160	1.79

地区	高新技术企业（个）	占全省数量比例（%）
龙岩	378	4.23
宁德	155	1.73
平潭	38	0.43

资料来源：福建省科技厅. 福建省科学技术厅、福建省统计局关于 2021 年福建科技发展主要指标情况的通知［EB/OL］.［2022 - 12 - 27］. https://kjt.fujian.gov.cn/xxgk/zfxxgkzl/zfxxgkml/yzdgk-dqtxx/202212/t20221227_ 6084115.htm.

第四，科技服务业的产业关联不足。

产业间的关联分析可以借助投入产出表的数据来进行，通过计算感应度系数、影响力系数和产业综合波及度来阐释产业关联的特征。影响力系数是指国民经济某一特定产业部门增加一单位的最终使用，对国民经济其他产业部门产生的生产需求波及程度。影响力系数高于 1，表明该特定产业对其他产业的影响效果高于产业的平均水平，小于 1 则是低于产业平均水平；而感应度系数反映国民经济各产业部门均增加一个单位最终使用时，某一特定产业部门由此受到的需求感应的程度。感应度系数大于 1，表明该特定产业受到其他产业的影响要高于产业平均水平，数值越大，越容易受到其他部门的影响，小于 1 则表明所受影响较小。

本节基于最新发布的 2017 年福建省 142 部门的投入产出表进行计算，并结合 142 部门投入产出表的行业分类，将科技服务业分为研究和试验发展、专业技术服务和科技推广、应用服务业、软件和信息技术服务以及互联网和相关服务业，得到各产业的影响力系数和感应度系数如表 7-13 所示。

表 7-13　科技服务业各细分行业的影响力系数和感应度系数

行业	感应度系数	影响力系数	产业综合波及度
互联网和相关服务	0.343314	0.661609	0.502461

行业	感应度系数	影响力系数	产业综合波及度
软件和信息技术服务	0.266415	0.751693	0.509054
研究和试验发展	0.205219	0.820879	0.513049
专业技术服务	0.591652	0.731250	0.661451
科技推广和应用服务	0.735464	0.769050	0.752257

资料来源：根据2017年福建省142部门投入产出表计算整理所得。

通过表7-13可知，从影响力系数的角度看，福建省科技服务业各细分行业的影响力系数均小于1，表明其拉动作用低于行业平均水平，从而说明福建省科技服务业发展仍处于较低水平，对其他产业的拉动作用较弱，科技服务业尚未成为福建省创新发展的主要驱动力量。从感应度系数的角度看，感应度系数均低于1，说明受到其他行业的拉动作用也不明显，整体规模相对较小，基础服务平台的建设仍需完善，为其他产业提供服务的能力仍需要进一步加强。根据以上分析，福建省科技服务业与其他产业的关联性较差，不仅体现在对其他产业的影响不足上，也体现在受其他产业的影响较小的表现上，科技服务业尚未形成与关联产业之间的良性互动。

7.2.2.4 以科技服务业发展推动福建省创新驱动发展的措施

（1）继续加大对科技服务业的扶持力度，合理制定扶持策略。科技投入是科技服务业发展的基本要素，区域创新能力提升的物质前提，也是科技服务业发展的现实基础。由于研发本身存在回报率低、不确定性大的特性，很多科技服务企业在发展过程中会面临资金短缺的情况。福建省的科技服务业对比发达省份起步较晚，仍处于成长的早期阶段，面临的资金不足困境尤为突出。

自《福建省人民政府关于促进科技服务业发展八条措施的通知》以来，福建省科技服务业的资金情况已大为改善，然而这仍不能很好填补科技服务业的巨大资金缺口，因此，政府在加大对科研经费投入的同时，要实施更为广泛的扶持政策来促进科技服务业发展。对于不同阶段、不同性质的科技服务企业提供差异化的扶持政策，实施相关资助计划。如对处于发展初期的科技服务企业，评价其发展潜力，选取达到评价标准以上的企业，给予一定的优惠补助，如对企业发展初期急需的固定资产及研发设备，给予购买补贴、税收减免，降低企业的研发成本。对紧缺型的科技服务业，制定如贴息贷款、税收减免、设立专项扶持基金等相关政策来加速该类科技服务业的发展。然而，仅仅依靠政府资金难以满足众多科技服务企业的资金需求，政府应发挥政府资金的引导作用，逐步扩展科技投入资金来源渠道，引导、鼓励民间资本对科技服务业的投资，实现资本来源的多元化。如此，在减轻财政压力的同时，充分满足科技服务业的资金需求，也为民间资本所有者带来收益，实现多方共赢。

（2）健全和完善管理体制机制，激发科技服务企业的研发热情。虽然，福建省已先后制定了《福建省科技服务业发展规划（2013—2015 年）》，修订了《福建省科学技术进步条例》《福建省促进科技成果转化条例》《福建省专利促进与保护条例》等地方性法规，也发布了《关于促进科技服务业发展八条措施的通知》等利于科技服务业发展的政策措施，但 2020 年是全面建成小康社会和"十三五"规划收官之年，也是为"十四五"良好开局打下基础的关键之年，在这样的新形势下，落实确立一套完善、标准、符合现阶段福建省发展特性的法规体系，为福建省科技服务业的发展营造一个良好的生态闭环，仍然任重道远。

政府应通过建立健全科技服务业发展的相关法律法规，进一步明确科技服务业的自身定位与产业使命，推动其独立发展，提高为其他产业提供服务的水平与能力。应完善帮助科技服务产业发展的各项政策措施，帮助其按照市场准则独立化、专业化、多元化发展，建立以财政投入为引导，企业参与为主体，社会参加为补充的完整体系。同时，政府在加大投入和扶持力度的同时，也要制定适当的考核体系，加强对科技服务业成果绩效的考核，对不能达到考核要求的企业视情况考虑是否取消其政策福利，对达到甚至超额完成考核目标的企业继续给予一定的奖励，以此来激发企业的积极性，促使企业针对市场需求进行技术创新，不断增强其创新能力，以提升科技服务业的整体创新能力。

（3）加快培养和引进科技服务业的高端人才。科技服务业的高质量发展，有赖于科技人才的培养和引进。目前福建省科技服务业的专业人才，尤其是高端人才仍然比较紧缺。人才资源的短缺导致科技服务业的发展动力不足，发展"瓶颈"凸显。

福建省应采取相关措施吸引科技服务业相关人才，借鉴国内其他发达地区引进海内外专业人才的制度设计与有益经验，适时通过推出住房补贴、购房优惠、所得税减免、落户条件降低、创业支持等人才吸引政策，吸引人才来闽，做到人才"引进来"，同时关注人数众多、就读于福建省高等院校的优秀毕业生，吸引他们"留下来"。此外，发挥福建省优势产业与主导产业的相关特性，鼓励研究机构和高等院校建立科技人才"柔性聘任"的机制，通过研究机构和高等院校的相关政策来吸引高端人才。不仅如此，福建省还应加强对辅助性行业相关专业人才的引进，如律师、科技评估师、相关鉴证人员、经纪人等，促使福建省科技服务业的高层次、多元化、系统化发展。

（4）大力发展科技企业孵化器，加强产业发展基础。产业基础薄弱是福建省科技服务业发展面临的"瓶颈"问题之一，实现科技服务业的发展，加强产业基础是重要的抓手。首先，福建省应从战略上重视企业孵化器的作用。企业孵化器能够为各类科技企业、科技项目与理念的初期孕育与快速成长提供载体。通过孵化器的发展，有助于快速建立起一批具有创新思想的科技创新型企业，通过落实与孵化器相关的政策措施，逐步建立福建省科技创新产业的产业基础。其次，建设综合性产业试验园区，积极培育产业基础。结合福建省优势产业，建立集科研、生产、服务于一体的综合性产业园区，引导科技服务业集聚发展，最大限度发挥科技服务业集聚优势，努力打造国内知名的科技服务业园区。在园区内，建立健全共享机制和平台，通过集聚发展，降低企业成本，提高科技成果转化率和有效利用率，促进福建省科技服务业的高质量、高效率发展。进一步地，通过发挥综合性产业试验园区的扩散效应，在福建省各区域逐步推广科技服务综合性产业园区的实践，推动福建省科技服务业的全面发展。

（5）加强区域合作，统筹整体发展。当前，福建科技服务业主要布局在福州、厦门、泉州等地，区域发展不平衡状况较为突出，在一定程度上制约福建省科技服务业的整体发展。因此，在全省范围内加强产业合作，促进协调发展是福建省科技服务业实现全面、持续发展的必要途径。省内各市应在思想意识层面打破行政区域边界对科技服务业发展的固有枷锁，实现科技服务业的空间布局优化，发挥空间扩散效应的影响。在保持先发区域的优势的前提下，即福州、厦门、泉州等地继续保持其先行者的地位，加大对发展质量的重视程度。在现有的产业基础之上，着力打造具有国内影响力，甚至国际影响力的科技服务品牌，在持续发挥其集聚效应的基础上，逐步释放其扩散效应。后发地区则通过政府加以引导，积极实践福州、厦门、泉州发展科技服务业的有益经验，实现错位发展。科技服务业的发展，仅靠某一地区或者某一具体产业难以持续，必须由众多有机部分相互扶持，通力协作实现。因此，必须加强区域之间的沟通与合作，以此统筹福建省科技服务业的整体发展（施晓丽等，2021）。

7.3 小结

综合本章的研究内容，可以得出以下基本结论：

第一，产业集聚对区域创新的积极促进作用，主要表现在其竞争效应与示范效应的发挥，为实现区域创新发展，在产业发展的现阶段，仍有必要加强产业集聚，尤其是高技术产业的集聚。

第二，区域创新发展不平衡在不同区域普遍存在，以福建为例，福建省内各地级市整体上依旧呈现"领先、挑战、追赶和落后"四个层级的态势，区域差距仍然较大，部分城市仍存在不少问题和短板。

第三，与同处沿海的广东、江苏、浙江等省份相比，福建省的区域创新相对落后，其中一个非常重要的原因是其科技服务业发展的相对滞后，产生了短板效应。为落实福建省创新驱动发展战略，有必要通过主动举措通过科技服务业的发展来实现福建区域创新的跨越发展与经济高质量发展。

8 推进我国区域创新的政策建议

区域创新发展并非简单地由劳动力、资本或者技术等单一生产要素推动，而是一个涉及经济、社会、人文和生态等一系列因素的复杂社会经济系统，其运行状况随着各种因素的变化而变化，处于一种动态演化的过程。区域创新政策由政府制定实施的一系列促进创新发展的政策，其必要性主要在于纠正区域创新发展相关的市场失灵，根本目的在于创造利于区域创新发展的政策制度环境；对于引导企业产业结构转型升级、人文社会经济发展、生态文明建设、稳定就业保障民生等社会经济发展问题，保障区域创新主体协同创新和完善区域创新网络等均具有重要意义。

8.1 区域创新政策的概念及内涵

区域创新政策是指，一国政府为促进技术创新活动的产生和发展，规范创新主体行为而制定并运用各种直接或间接政策和措施的总和（陈劲和王飞绒，2005）。区域创新政策相比于国家创新政策而言，更具灵活性，可以根据地区特性进行动态调整，具有政策来源多样性、政策作用叠加性和融合性等多种特征（俞立平，2020）。除此之外，区域创新政策涉及面非常广泛，包括财政税收、货币金融、人才引进、产业发展等多个领域的政策，被认为是政府促进区域创新主体创新活动的重要手段，也是世界范围内促进区域技术创新最常见、最有效的方法之一。

区域创新政策的内涵主要包括：①为提高区域创新产出而实行的一系列措施，包括科研创新支持、研发资金投入、创新人才投入和创新环境培育等；②为促进知识创新和外溢而实行的一系列政策，包括市场干预、政府采购与支出、专利保护、生态、人文等；③为维护合理的市场竞争环境，保障区域竞争关系而实行的一系列保障性政策。此外，有关区域创新政策分类方法随着诸多学者的研究而日趋丰富，Rothwell 和 Zegveld（1982）最早提出了创新政策的分类方法，他们认为创新政策应包括供给面政策、需求面政策和环境面政策。Ergas（1987）则提出两种类型的区域创新政策：使命导向型技术创新政策、扩散导向型技术创新政策。Johansson 和 Lööf H（2007）提出区域创新政策应包括一般性政策与特殊性政策两种。Freitas 和 Tunzelmann（2008）综合前人的研究，将创新政策分为六种类型：使命型与扩散型，特定型与一般型，地方主导与中央主导。国内学者受国外相关研究成果的影响，大多数较为认可供给、需求、环境三个方面区域创新政策的观点，如伍蓓等（2007）、李庆东（2008）、常静（2011）、梁宇（2012）、张炜等（2016）。除此之外，创新政策还可以根据实际情况细分为促进产业发展的创新政策、促进企业创新能力提升的创新政策、国家创新政策、促进创新政策工具运用的政策、技术创新政策、区域创新政策研究，以及促进创新网络发展的政策（黄鲁成等，2018）。

8.2　区域创新政策的国际经验

本节以日本、美国、欧盟为例，分析它们区域创新发展历程、各阶段的创新政策的动态演化以及在政策实施过程中存在的优势与不足。

8.2.1　日本的区域创新政策

8.2.1.1　日本区域创新发展历程及政策演变

日本的创新发展历程大致可以分为三个阶段，区域创新政策也因各阶段发展特点的不同而动态变化，并逐渐趋于合理。

第一阶段，20 世纪 80 年代开始的赶超阶段。该阶段日本制定并实施了促进地方和区域科技振兴的创新政策，注重太平洋经济带建设，着重发展东京、名古屋、大阪和福冈四个工业基地，以上述四个工业基地为核心，日本迅速构建与夯实了自己的重工业基础，为之后的轻工业、创新发展等提供了重要的支持条件，但与此同时也形成了产业过度集聚和收入不均衡等严重的社会经济问题。该时期还尤其重视国内高等院校建设，积极引进优秀的科研成果，助力日本经济的高速发展。

第二阶段，20 世纪 90 年代开始的科技城市阶段。围绕选定的科技城市，1995 年日本政府颁布实施的《科学技术基本法》标志着日本"科技创新立国"基本方针的确立，该政策强调地方政府应担负起科技振兴的主体责任，提供科研设备和均衡推进研究开发活动。基于《科学技术基本法》，1996 年日本政府对外颁布《第一期科学技术基本计划》，将发展重点转向地方科技事业，鼓励政产学研合作开发；重视基础研究并保证与应用研究的平衡发展，以期提升区域整体科技水平；分散化布局科研资源，促使研发可持续发展，区域科技政策的新型框架开始确立并不断完善。为构建相对完善的区域创新体系，日本的文部科学省和经济产业省出台了一揽子科技计划和创新政策。例如，1997 年，日本经济产业省推出区域新生研究共同体计划；1998 年，科学技术振兴机构实施区域创新集群型共同研发计划，这些区域创新政策均以地方的龙头企业、中小企业、高校以及研发机构等优势科研机构为核心，以共同组建创新研发联盟或创新研发中心的方式，通过各方创新合作交流，开展大量的促进地方产业发展的创新实践活动，为建设全球技术领先的科学和技术中心奠定了重要基础。

第三阶段，21 世纪至今，区域多重治理下的创新管理阶段。2001 年，日本政府颁布实施的《第二期科学技术基本计划》中明确提出，要加快建设与发展区域产业集群，将产业集群作为提高区域经济活力的媒介，激发创新活力。在 2006 年颁布实施的《第三期科学技术基本计划》中进一步强调，建设区域集群网络，以配套更加灵活的金融融资政策、创新支持政策、适宜的市场环境、高效的沟通协调机制等，来强化政产学研各创新主体之间的合作，并致力于将科研成果回馈社会和国民。2017 年颁布实施的《科学技术创新综合战略2017》的主要目标包括加大企业向国家研究机构和高校的科技投资、强化科技创新基础力量、增加民间科技投入等，强化政府、产业和研发部门的协作与交流。《科学技术创新综合战略 2019》又进一步提出推动智能社会建设，改善创新环境、培育创新人才和加大基础研究投入等措施。该阶段政策体现出政府对于构建与完善区域创新体系、促进生产力和生产要素合理布局、创新研究和产业集群的重视。

8.2.1.2　日本创新政策的优势与不足

早期区域政策给"二战"后的日本经济带来了巨大的发展动力，重工业是一国经济发展的重要基石，该阶段的政策过度重视重工业，忽视了快速发展重工业的背后带来的高度集中的工业体系与环境污染等问题。经济结构严重失衡，人口过度集中、土地、能源等资源价格上涨等一系列问题成为经济发展中的突出问题，也进一步阻碍了可持续、高质量发展的步伐。

到第二阶段，政策逐渐向科技转型，摒弃了前期资源枯竭型的发展道路。此阶段，政策主要体现在对科技研发的重视，《科学技术基本法》《第一期科学技术基本计划》等政策就是很好的体现。鼓励地方政府、企业和科研机构共同构建创新合作网络，明确分工与合作，缩小科研机构之间的技术差距，缩小地区之间的知识差距。优势在于认清了"经济过重"带来的经济发展弊端，从科技发展和效率提升的角度寻求增长的空间。例如，福冈县的北九州科技中心、静冈县的滨松科技中心等，在发展的过程中，均充分发挥了政府项目帮扶的优势，加强与其他企业的交流合作、与科研机构的技术交流等，使得自己具备了发展的强劲内生动力。但与此同时，弊端也非常突出，导致实施创新政策时遭遇较大的阻碍，如资金短缺、组织不力以及人力资本不足等；创新政策较为领先，但是与创新资源基础不匹配，虽然促进创新发展，但创新资源错配带来的效率损失问题依然严峻；区域间联系不够紧密，创新交流合作受到限制。

到第三阶段，创新政策已逐渐完善也更为灵活。由于基础创新资源供给的不充分，前期的创新合作网络还不够完善，到本阶段，创新政策更加鼓励中小企业、研发机构乃至各种民营企业的创新活动，给予各种创新利好、以培育科技创新供给需求相协调的创新集群网络，充分激发各种社会资源的创新潜能，实现国民共享创新发展成果，形成创新、社会和民生的良好互动。

8.2.2 美国的区域创新政策

8.2.2.1 美国的创新发展历程及政策演变

第一阶段，20世纪40~70年代。该阶段的政策以高校为主要的科学研究核心主体，例如，美国加州的硅谷就是在斯坦福大学工业园区基础上发展起来的，此中政府给予大力科研支持，而企业对其研发经费投入很少，产学研创新合作机制尚未形成，政府在此阶段扮演了研发资金的主要供应者和创新活动的推动者。这一阶段研发活动及政策的焦点也主要集中在硅谷等创新活跃的地方。

第二阶段，20世纪70~80年代，此阶段更加重视企业的创新主体作用，为鼓励企业与高校、科研机构等研发主体的合作与交流，政府制定了一揽子创新政策，探索通过建立产业——高校合作研究中心等模式打造优越的协同研发外部环境。例如，1980年，美国政府实施的《贝赫—多尔法》，致力于推动当地的中小企业加强与政府、研究机构以及高校等其他主体的协同研发，也表明了政府逐渐意识到中小企业在创新中的重要作用；1985年，美国政府为进一步完善多元创新主体合作网络，进一步强化产业——高校合作研究中心以及工程研究中心等技术领先的创新中心的建设与职能发挥，对于鼓励高校充分发挥自身创新主体的作用，与企业开展合作、协助其进行项目研究并实现技术转移等产生了经济影响，强化了研发与成果转化之间的良好互动；1986年，美国政府颁布实施了《联邦技术转移条例》，该条例致力于技术转移和成果转化，有效引导联邦政府的研究部门与企业的研发部门二者达成合作协议，在研发完成的同时实现高效的成果转化，这阶段企业尤其是私营企业的创新地位日益提升。

第三阶段，20世纪90年代至今，该阶段美国的区域创新体系已相对成熟，企业具有极为重要的创新主体地位，政府合理地进行选择性干预，创新研发以市场为导向等。这阶段主要的区域创新政策包括：1993年，美国政府制定的有关研究与试验税收减免的长期政策，以此降低企业创新投资和研发活动的成本，鼓励企业开发前沿技术、引领科技发展潮流；1994年又颁布了引导小企业技术转移研究（STTR）的计划，加速高校等其他研发主体取得的研究成果顺利向中小企业转移；2014年发布的《美国创新法案》，对专利诉讼程序进行改革，保障专利成果和激发创新动力。奥巴马任期内，创新投入稳定增长，对研发部门，尤其是私人研发部门仍非常关注，创新研发处于高涨的阶段，创新政策仍然顺着该创新阶段的主流。但是 2017 年特朗普上任之后，创新政策出现了一定程度的变化。特朗普更关注短期经济效果，以提高国家军事预算、扩大就业等为政策目标，实行保护主义的贸易政策；政府的创新资金投入大幅削减，导致对私人创新部门的依赖增加。

8.2.2.2　美国创新政策的优势与不足

第一、第二阶段，美国科技创新获得巨大突破与进展的主要原因在于，"二战"时期的美国迫切地需要军事电子技术，这为美国硅谷的发展带来了巨大契机。此阶段，创新政策主要集中在加大对初创企业的科研经费投入以及各种政策扶持，一大批的企业在硅谷集聚，形成了高新技术产业集群网络，并吸引了一大批的风投资本公司、律所和电子信息公司等基础资源，资源的丰富和集中的优势为进一步完善了硅谷的创新网络，实现科技的巨大飞跃提供了巨大的保障；政策倾向于促进企业、政府、高校与研发机构之间的交流合作，减少了技术研发、交流等成本，加速了研发进程。此阶段的不足之处在于，政策具有明显的针对性和区域性，跨区域交流合作等略显不足。

到第三阶段，创新政策已逐渐完善也更为灵活，创新政策等一系列法规更加全面和完善，如《专利法》《商标法》《版权法》《反不正当竞争法》等保护了创新活动成果和科学研究的动力，为公平创新，竞争创新提供了法律依据和保障；注重营商环境的培育，由监管质量、法治水平、解除雇佣成本等综合加权计算得出的监管质量在世界上名列前茅，也在一定程度上刺激了企业等创新主体的创新活动。此阶段的不足之处在于，特朗普上台后，大幅削减政府的科研经费投入，政府的创新主体地位逐渐下降，在一定程度上损害了创新网络的稳定性；国际环境和保护主义的贸易政策等问题，阻碍了美国的对外交流合作，创新的知识外溢与吸收能力受阻。

8.2.3 欧盟的区域创新政策

8.2.3.1 欧盟的创新发展历程及政策演变

第一阶段，始于 20 世纪 80 年代，欧盟开始以制定实施科技创新政策的形式推动区域创新。1984 年，欧盟颁布"科技框架计划"，该计划以四年为一周期，是欧盟（欧共体）投资数额最多、涉及部门最广、支持内容最全面、覆盖面最大的科技研发主干计划。该计划到目前为止已经执行了七个周期，第八个周期的框架计划"地平线 2020"现在仍在实施中。政府在此过程中致力于为科研活动提供支持，而创新活动的知识溢出，成果转化等则由市场决定，这种模式对于整合企业、高校和研发机构资源，推动协同创新具有重要作用。

第二阶段，20 世纪 90 年代开始，该阶段的创新政策又被称为"系统创新"政策。1995 年发布了《创新绿皮书》和 1996 年发布了《欧洲创新行动计划》，这两项计划继续强调了创新政策对于创新发展的突出作用，并就创新的法律、制度和金融体系等进行新的设计，明确了创新所需的必要条件。在制度方面，改进了无形资产投资的税收制度，以免社会、经济等波动对创新活动的影响；在金融方面，积极发展资本市场，引导长期储蓄向资本投资转移。2000年，欧盟提出了"里斯本战略"要求欧盟各国应在未来十年内大幅增加创新投入，将研发强度从计划提出时的 1.9% 提高到 3%，并加速推动就业增长，提升创新效率。

第三阶段，2010 年开始，该阶段以"区域创新系统"或者"集群理论"为基础，相对于之前的创新政策，范围更加广阔，政策体系也更加完善。欧盟国家众多，较为分散，分割严重，创新要素流动不畅。该阶段推出的区域创新政策包括继"里斯本战略"之后的第二份十年经济发展规划——"欧洲 2020战略""地平线 2020"计划等，前者更加侧重发展以知识、创新和绿色为主的智能经济和绿色经济，通过强化创新能力和提高能源使用效率来增强综合实力，推动可持续发展，通过扩大就业，增进社会发展，为构建欧盟国家和谐共生可持续的创新发展提供了重要的指引作用，后者则着重于整合欧盟资源，提高科研效率以促进区域创新。

8.2.3.2 欧盟创新政策的优势与不足

欧盟作为经济一体化程度最高的地区之一，在第一、第二阶段，就已经意识到创新驱动发展的重要性，区域创新政策较多集中在大力资助高新技术企业、高校和研发机构，加强知识产权保护和产学研联系等方面。在当时的世界大环境中，与美国、日本共同构成了三大创新主体。其在政策制定的方向性、目标性等方面均处于全球领先地位，但是也存在一定的缺陷与不足，导致欧盟在进入 21 世纪后，全球地位严重下滑。如以该阶段的区域创新政策"里斯本战略"为例，战略目标较多，包括经济发展、科研教育、人文、就业等多个方面，但政策实施的实际效果却不尽如人意，其原因主要在于欧盟经济下滑，难以应对全球经济竞争和人口老龄化的双重挑战，此外，政策制定的目标太过庞杂，存在个别不切实际的情况，因此创新政策难以发挥作用。因此，此阶段欧盟虽实现了一定程度的科技进步，但科技发展的总体步伐在全球来看却相对缓慢的局面。

进入第三阶段后，欧盟的区域创新政策更关注于"区域创新系统"或"集群理论"。该阶段发布的"欧洲 2020 战略""地平线 2020"计划等，更加注重对中小企业的科研资助，促进产业集群、绿色发展和创新网络的构建。相对于第二阶段的"里斯本战略"等创新政策而言，目标和举措进一步细化，更加重视以创新为核心的智能经济。但由于欧盟是多个国家组成的一体化经济体，创新局面凌乱分散，缺乏系统性，欧盟的创新发展仍相对滞后。例如，欧盟内各国经济发展差异较大，某些国家经济增长快速，而有些国家由于债务危机、难民危机等问题处于负增长，导致对创新发展的积极性也存在较大的区别。此外，欧盟内有些国家体量太小，甚至不如我国一个省的经济体量，各种创新资源及基础设施均不足以支撑创新发展，创新资源流动不畅，创新主体之间的交流合作不足，创新网络尚待完善等，导致欧盟内部形成了难以抹平的"创新鸿沟"。欧盟内各国难以达成一致的创新预期目标，协同创新较难实现，造成在第三阶段初，欧盟整体的科研强度和增速逐渐落后于日本、美国以及中国等东亚新兴发展中国家。

8.3 推进我国区域创新的政策建议

在创新驱动发展和促进国内国际双循环的大环境下，创新研究应充分重视创新政策的指引作用，加速向新理念、新设计和新战略创新转变。2016 年 5月，中共中央、国务院在颁布实施的《国家创新驱动发展战略纲要》中指出，要强化政府"政策制定"的职能，聚焦发展战略，优化区域创新空间格局和构建区域经济新增长极，创新政策致力于构建更加完善的区域创新体系，成为创新发展的指引和行动指南。

基于上述关于日本、美国与欧盟区域创新政策发展演变过程的分析，不难发现发达国家的区域创新政策具有诸多优势，但与此同时也存在较多不足。鉴于我国创新发展相对滞后的现状，为应对我国创新发展困境，解决"研发—生产率悖论"，充分总结国外创新发展过程中的有益经验与失败教训，并制定符合我国国情的区域创新政策显得尤为关键。各国的区域创新政策存在一定程度上的趋同性和差异性，在借鉴国外创新政策的基础上，应根据我国的特殊国情、综合考虑影响我国区域创新发展的特定因素，制定符合我国实际的创新政策，保障其合理运行，并最终实现我国创新发展质的飞跃。

因此，结合本书的实证研究、案例研究以及上文所述的日本、美国、欧盟的区域创新政策，我国的区域创新政策制定可考虑从创新投入多样化、创新环境完备化、创新成果市场化及创新空间互动化等方面入手。

8.3.1 创新投入多样化

我国的创新投入虽然逐年增加，但是研发强度与其他发达国家相比仍然有一定的差距，一方面表现在创新投入仍然不够充足，另一方面创新投入来源单一化。基于研发投入对区域创新的积极影响，为促进我国的区域创新，应首先从创新投入着手，尤其是加大研发经费、引进国外技术和技术改造的经费投入。由于我国创新政策制定时，更多地侧重于"自上而下""资源分配"的模式，企业、高校和研发机构难以依据自身的实际创新需求，发挥创新主体的作用，区域创新政策的设计与制定参与度不高，由此导致除政府以外的创新主体的总体积极性不足。从当前阶段看，中央和地方政府对创新活动仍然起到了明显的"主导"作用，作为创新主体的企业、高校和研发机构作用发挥有限，对政府的引导与支持有较大的依赖性，很大程度导致我国区域创新的投入来源单一化，主要集中于政府投资与政府专项创新资金等，难以满足我国创新驱动发展战略全面实施所需要的大量创新投入。

日本、欧美等资本主义发达国家以市场为主导，政府作为创新资金的重要提供者，较少干预市场的自由调节。反观我国，虽然近些年市场化改革成效显著，干预逐渐减少，但从政策的嵌入方面看，以市场的作用发挥来促进最优化的创新活动仍然存在一些困难。因此，创新政策应根据我国国情，在适度干预的基础上，充分发挥市场的调控作用，充分发挥高校、企业、科研机构等创新主体的作用，引导多元主体发挥出其主动性与积极性，充分激发各种社会资源的创新潜能，实现创新投入来源的多样化，积极吸收国内外资本和先进技术，促进创新资源的优化配置，以解决区域创新资源不足导致的创新成果缺乏、创新效率低下的问题。

8.3.2 创新环境完备化

区域创新环境会显著促进区域创新效率的提升和创新发展，针对我国创新资源配置效率有待提高、创新环境发展不均衡、区域间存在行政壁垒等诸多现实问题，如何优化资源空间分布和创新环境的培育，是目前亟须解决的问题。

首先，创新环境完善的东部地区应持续领航我国创新发展，辐射和带动周围地区改善创新环境。中部地区不仅经济发展水平落后于东部地区，其创新环境水平也明显低于东部区域，需要继续加大教育和科研的培育力度，以各种人才政策、优惠政策、研发补贴等，培育创新环境，从而缓解创新环境相对完善地区对本地创新资源的虹吸导致的本地资源的大量流失，推动中部地区创新能力的提升。西部地区资源匮乏，创新投入严重不足，创新支持环境仍处于发展阶段，导致研发人力资本、物质资本匮乏，科研成果产出转化存在巨大障碍，需要依靠发达地区创新环境的溢出影响和自我完善，并通过不断加快基础设施建设、人才培养、资金投入等，使创新资源得到充分利用，创新环境得到进一步优化。

其次，需要进一步完善政府职能，完善政府在创新支持和服务过程中的作用，发挥其政策制定者和实施者的优势，为创新发展提供良好的政策环境和科技财政支出资金支持，不断加大教育资源投入，培养高素质科研人才。加快推进科技体制改革，充分利用各种创新资源，促使产业结构转型升级，淘汰落后生产设备，向着高技术含量、高附加值和知识密集产业转变。建立区域创新集群型共同研发计划，推动创新要素的流动与集聚，为政产学研不同主体的创新活动搭建创新研发的联合体，通过建设完备的区域创新环境，以实现创新驱动区域乃至全国经济的全面高质量发展。

8.3.3　创新成果市场化

我国区域创新发展竞争力薄弱的另外一个问题是创新成果的市场化转换和应用较为滞后，究其原因，与科技服务业的发展相对缓慢，尤其是科技服务中介平台职能尚未完全发挥有重要联系。为此可以通过建设科技服务中介平台，实现创新供需双方的有效对接，促进科技服务业发展，强化创新成果的市场化。科技服务中介平台作为紧密联系科技服务供需双方的纽带，是科技成果转化的重要助力，也是促进科技服务业不断推动其他关联产业快速发展的关键所在。建设科技服务中介平台，大力培育科技服务企业，有助于促进创新成果的市场化，有序推动持续创新。

完善的科技服务中介平台，职能多元，它既可以帮助科研机构寻找需要科技服务的相关企业，也可以根据企业特点推荐或者个性化定制符合该项需求的相关科研机构。但在当前情况下，我国各地区的科技服务业服务效率仍然较低，主要是由于科技服务中介企业发展思维较僵化，业务积极性不强，不能有效地与日益变化的产业需求相匹配。因此，政府应考虑统筹多方资源，加强建设综合的、多元化的科技服务中介平台，将金融机构、高新技术企业、高等院校、科研机构以及民间资本等紧密关联起来。通过该平台，满足涉及科技服务的各方需求。金融机构和民间资本可以在研发领域获得预期收益，而有科技服务需求的企业或单位也可以通过该平台发布信息，对接供需各方。通过多方协作，合作共赢，促进科技服务中介平台与当地特色产业的互联互动，促进政产学研一体化，协同提升科技服务业水平。通过科技服务中介平台，加强政府、企业、高校和科研机构之间的科研交流和互动合作，加快完善科研成果产出与转化机制，缓解要素流动和科技成果产出与转化的障碍，最终实现加速本区域创新发展并带动邻近区域的协同发展和创新水平的提升。

此外，政府也可以通过制定相关的创新政策来实现创新成果的转化。如

1994 年美国颁布实施的《小企业技术转移研究（STTR）计划》和 2014 年发布的《美国创新法案》等，为满足中小企业的技术需求，促进高校等其他创新主体的研究成果转移，通过专利产权保护制度的完善对创新活动进行适当引导和保障，以市场为导向，通过创新活动的供需对接，保证成果转化，提高创新效率。

8.3.4 创新空间互动化

根据前文的分析，区域创新存在较为明显的空间互动。然而，从目前我国区域创新政策的区域关联性特征来看，有利于区域间与部门间高效联动的创新政策框架尚未建立，这在一定程度上抑制了创新政策实施的有效性，区域协同创新实现面临较大的现实困难。此外，由于在设计区域创新政策体系时，未主动构建市场化导向的创新扩散与学习机制，区域创新政策作用的地方化特性较为突出，加之知识产权保护制度的执行不到位、创新区域内的多元创新主体之间缺乏互动学习、创新要素的空间流动存在阻碍等，一方面导致区域创新主体积极性不高，另一方面重复研发、投入产出效率低的问题仍不同程度存在。此外，我国的户籍制度等造成的创新要素的跨区域流动仍然存在障碍，导致跨区域和跨部门的知识协调机制无法完全形成。

从日本的案例中可以发现虽然早期的创新政策集中于核心城市的重工业发展、发达地区的科研重点扶持等，但是后期政策逐渐向创新发展转变，如1997 年，日本的区域新生研究共同体计划，1998 年，科学技术振兴机构的区域创新集群型共同研发计划等。政策不再将目光仅放在核心城市的增长极作用上，而是更加重视不同区域多元创新主体的协同创新和共同进步，创新政策更具联结性，跨区域跨部门的创新部门也更加完善。欧洲的"地平线 2020"也同样体现出构建与完善创新网络，增加区际创新合作交流的重要性。

因此，有必要针对性地制定有约束力的区域协同创新规则和政策工具，探索构建致力于解决区域创新领域有关利益冲突的联合机构、设计更加符合我国国情的公共财政体制等，完善区域创新网络体系的建设、不断加强政产学研的多元主体互动，促使政策设计更具区域关联性，跨区域跨部门的创新合作更加顺畅，加强创新要素的流动，以创新要素的流动为载体实现创新更高效的区域空间互动，打造区域协同创新的良好发展格局。

参考文献

［1］ Acs Z J, Anselin Luc, Varga Attila. Patents and innovation counts as measures of regional production of new knowledge ［J］. Research Policy, 2002, 31 (7): 1069-1085.

［2］ Andersson M, Johansson S, Loof H. Firm performance and international trade: Evidence from a small open economy ［C］. Electronic Working Paper Series, 2007.

［3］ Anselin Luc, Florax R J G M. New directions in spatial econometrics ［M］. Berlin: Springer, 1995.

［4］ Antonietti R, Cainelli G. The role of spatial agglomeration in a structural model of innovation, productivity and export: A firm-level analysis ［J］. The Annals of Regional Science, 2011, 46 (3): 577-600.

［5］ Arrow K J. The economic implications of learning by doing ［J］. The Review of Economic Studies, 1962, 29 (3): 155-173.

［6］ Athreye S, Cantwell J. Creating competition? ［J］. Research Policy, 2007, 36 (2): 209-226.

［7］ Audretsch D B, Feldman M P. Knowledge spillovers and the geography of

innovation ［J］. Handbook of Regional and Urban Economics, 2004 (4):
2713-2739.

［8］ Audretsch D B, Feldman M P. R&D spillovers and the geography of inno-
vation and production ［J］. The American Economic Review, 1996, 86 (3): 630-
640.

［9］ Aydalot P. Milieux innovateurs en Europe ［M］. London: Routledge,
1986.

［10］ Baptista R, Swann P. Do firms in clusters innovate more? ［J］. Research
Policy, 1998, 27 (5): 525-540.

［11］ Borensztein E, Gregorio J, Lee J W. How does foreign direct investment
affect economic growth? ［J］. NBER Working Papers, 1995, 45 (1): 115-135.

［12］ Bramanti A, Maggioni M A. The dynamics of milieux: The network
analysis approach ［M］//Ratti R, Bramanti A, Gordon R. The dynamics of innova-
tive regions: The GREMI approach. Ashgate Publishing Ltd. , 1997: 31.

［13］ Breschi S, Beaudry C. Are firms in clusters really more innovative? ［J］.
Economics of Innovation and New Technology, 2003, 12 (3): 25-342.

［14］ Carayannis E G, Grigoroudis E, Goletsis Y. A multilevel and multistage
efficiency evaluation of innovation systems: A multi-objective DEA approach ［J］.
Expert Systems with Applications, 2016 (62): 63-80.

［15］ Coduras A, Clemente J A, Ruiz J. A novel application of fuzzy-set qual-
itative comparative analysis to GEM data ［J］. Journal of Business Research, 2016,
69 (4): 1265-1270.

［16］ Cooke P. Regional innovation systems: Competitive regulation in the new
Europe ［J］. Geoforum, 1992, 23 (3): 365-382.

［17］ Costa M, Iezzi S. Technology spillover and regional convergence process: A statistical analysis of the Italian case [J]. Statistical Methods and Applications, 2004, 13 (3): 375-398.

[18] David Greenaway, Richard Kneller. Exporting, productivity and agglomeration [J]. European Economic Review, 2007, 52 (5): 919-939.

[19] Deng J, Zhang N, Ahmad F, et al. Local government competition, environmental regulation intensity and regional innovation performance: An empirical investigation of Chinese provinces [J]. International Journal of Environmental Research and Public Health, 2019, 16 (12): 2130.

[20] Drucker P, Wartzman R. The Drucker lectures: Essential lessons on management, society, and economy [M]. New York: McGraw Hill, 2010.

[21] Ergas H. The importance of technology policy [J]. Economic Policy and Technological Performance, 1987 (9): 51-96.

[22] Etzkowitz H. The triple helix: Academic-industry-government relations implications for the New York regional innovation environment [J]. Annals of the New York Academy of Sciences, 1996 (1): 67-86.

[23] Fallah M H, Ibrahim S. Knowledge spillover and innovation in technological clusters [D]. State of Mew Jersey: Stevens Institute of Technology Management, 2004.

[24] Feldman M P, Florida R. The geographic sources of innovation: Technological infrastructure and product innovation in the United States [J]. Annals of the Association of American Geographers, 1994, 84 (2): 210.

[25] Fiss P C. Building better causal theories: A fuzzy set approach to typologies in organization research [J]. Academy of Management Journal, 2011, 54 (2): 393-420.

[26] Freitas I B M, Tunzelmann N V. Mapping public support for innovation: A comparison of policy alignment in the UK and France [J]. Research Policy, 2008,

37 (9): 1446-1464.

[27] Funke M, Niebuhr A. Regional geographic research and development spillovers and economic growth: Evidence from West Germany [J]. Regional Studies, 2005, 39 (1): 143-153.

[28] Furková A. Spatial spillovers and European Union regional innovation activities [J]. Central European Journal of Operations Research, 2019, 27 (3): 815-834.

[29] Furman J L, Hayes R. Catching up or standing still: National innovative productivity among 'follower' countries [J]. Research Policy, 2004, 33 (9): 1329-1354.

[30] Furman J L, Porter M E, Stern S. The determinants of national innovative capacity [J]. Research Policy, 2002, 31 (6): 899-933.

[31] Glaeser E L, Saiz A. The rise of the skilled city [J]. Brookings-Wharton Papers on Urban Affairs, 2004 (1): 47-105.

[32] Griliches Z. Patent statistics as economic indicators: Survey [J]. Journal of Economic Literature, 1990, 28 (4): 1661-1707.

[33] Griliches Z. R&D and productivity slowdown [J]. American Economic Review, 1980, 70 (2): 343-348.

[34] Grossman G M, Helpman E. Trade, innovation and growth [J]. American Economic Review, 1990, 80 (2): 86-91.

[35] Hayward G. High technology industry and innovative environments: The European experience [J]. Technovation, 1991, 11 (2): 122-123.

[36] Henderson J V, Wang H G. Urbanization and city growth: The role of institutions [J]. Regional Science and Urban Economics, 2007, 37 (3): 283-313.

[37] Hu M, Mathews J A. National innovative capacity in East Asia [J].

Research Policy, 2005, 34 (9): 1322-1349.

[38] Guan J, Ma N. Innovative capability and export performance of Chinese firms [J]. Technovation, 2003, 23 (9): 737-747.

[39] Jaffe A B, Trajtenberg M. Flows of knowledge from universities and federal labs: Modeling the flow of patent citations over time and across institutional [J]. NBER Working Paper, 1996, 93 (33): 12671-12677.

[40] Jaffe A B. Real effects of academic research [J]. The American Economic Review, 1989 (2): 957-970.

[41] James H Love, Panagiotis Ganotakis. Learning by exporting: Lessons from high - technology SMEs [J]. International Business Review, 2013, 22 (1): 1-17.

[42] Jansen Karel. The macroeconomic effects of direct foreign investment: The case of Thailand [J]. World Development, 1995, 23 (2): 193-210.

[43] Jože P Damijan, Črt Kostevc. Learning from trade through innovation [J]. Oxford Bulletin of Economics and Statistics, 2015, 77 (3): 408-436.

[44] Kaiser U, Kongsted H C, Rønde T. Does the mobility of R&D labor increase innovation? [J]. Journal of Economic Behavior & Organization, 2015 (110): 91-105.

[45] Kakaomerlioglu D C, Carlsson B. Manufacturing in decline? A matter of definition [J]. Economics of Innovation and New Technology, 1999, 8 (3): 175-196.

[46] Keller W. Geographic localization of international technology diffusion [J]. The American Economic Review, 2002, 92 (1): 120-142.

[47] Krugman P. Increasing returns and economic geography [J]. Journal of Political Economy, 1991 (99): 483-499.

［48］Li P. A tale of two clusters: Knowledge and emergence ［J］. Entrepreneurship and Regional Development, 2018, 30 （7-8）: 822-847.

［49］Liu X, Buck T. Innovation performance and channels for international technology spillovers: Evidence from Chinese high-tech industries ［J］. Research Policy, 2007, 36 （3）: 355-366.

［50］Maillat D. Innovative milieux and new generations of regional policies ［J］. Entrepreneurship & Regional Development, 1998, 10 （1）: 1-16.

［51］Montobbio F, Sterzi V. The globalization of technology in emerging markets: A gravity model on the determinants of international patent collaborations ［J］. World Development, 2013 （44）: 281-299.

［52］Moran P A P. Notes on continuous stochastic phenomena ［J］. Biometrika, 1950, 37 （1/2）: 17.

［53］Mu R, Chi K, Chen K. National innovation capacity index: A cross-country comparative analysis ［J］. Advances in Psychological Science, 2019, 1 （2）: 132.

［54］Peter Gibbon, Jennifer Bair, Stefano Ponte. Governing global value chains: An introduction ［J］. Economy and Society, 2008, 37 （3）: 315-338.

［55］Porter M. Clusters and the new economics of competition ［M］. Watertown: Harvard Business Review, 1998.

［56］Porter M. The Competitive advantage of nations ［M］. New York: Free Press, 1990.

［57］Ragin C. Redesigning social inquiry: Fuzzy sets and beyond ［M］. Chicago: University of Chicago Press, 2008.

［58］Ragin C. Set relations in social research: Evaluating their consistency and coverage ［J］. Political Analysis, 2006, 14 （3）: 291-310.

[59] Richardson H W. Regional growth theory [M]. London: McMillan, 1973.

[60] Rihoux B, Ragin C. Configurational comparative methods: Qualitative comparative analysis (QCA) and related techniques [M]. Los Angeles: Sage, 2019.

[61] Romer P M. Endogenous technological change [J]. Journal of Political Economy, 1990, 98 (2): S71-S102.

[62] Romer P M. Increasing returns and long-run growth [J]. Journal of Political Economy, 1986, 94 (5): 1002-1037.

[63] Romer P M. Endogenous technological change [J]. Journal of Political Economy, 1990, 98 (5): 71-102.

[64] Rothwell Roy, Zegveld Walter. Innovation and the small and medium sized firm [M]. London: Frances Pinter Ltd. , 1982.

[65] Schneider C, Wagemann C. Standards of good practice in qualitative comparative analysis (QCA) and fuzzy-sets [J]. Comparative Sociology, 2010, 9 (3): 397-418.

[66] Schnerder C, Wagemann C. Set-theoretic methods for the social sciences: A guide to qualitative comparative analysis [M]. Cambridge: Cambridge University Press, 2012.

[67] Storper M. Regional technology coalitions: An essential dimension of national technology policy [J]. Research Policy, 1995 (24): 895-911.

[68] Storper M. The transition to flexible specialization in the US film industry: External economies the division of labour, and the crossing of industrial divides [M]. London: Blackwell Publishers Ltd. , 1989.

[69] Sultan S S, Pieter Van Dijk M. Palestinian clusters: From agglomeration

to innovation［J］. European Scientific Journal（Kocani），2017，13（13）：323.

［70］Tsuja P Y，Mariño J O. The Influence of the environment on organizational innovation in service companies in Peru［J］. Review of Business Management，2013（15）：582-600.

［71］Ursula Fritsch，Holger Görg. Outsourcing，importing and innovation：Evidence from firm-level data for emerging economies［J］. Review of International Economics，2015，23（4）：687-714.

［72］Wang S，Fan J，Zhao D，et al. Regional innovation environment and innovation efficiency：The Chinese case［J］. Technology Analysis & Strategic Management，2016，28（4）：396-410.

［73］Wood A. How trade hurt unskilled workers［J］. Journal of Economic Perspectives，1995，9（3）：57-80.

［74］Zhou K，Yan R，Liu Y. Vertical merger，R&D collaboration and innovation［J］. The European Journal of Finance，2019，25（14）：1289-1308.

［75］白俊红，卞元超. 中国政府 R&D 资助空间自相关特征研究［J］. 科研管理，2016，37（1）：77-83.

［76］白俊红，戴玮. 财政分权对地方政府科技投入的影响［J］. 统计研究，2017，34（3）：97-106.

［77］白俊红，江可申，李婧. 中国地区研发创新的技术效率与技术进步［J］. 科研管理，2010，31（6）：7-18.

［78］白俊红，王钺，蒋伏心，等. 研发要素流动、空间知识溢出与经济增长［J］. 经济研究，2017，52（7）：109-123.

［79］卞元超，吴利华，白俊红. 财政科技支出竞争是否促进了区域创新绩效提升？：基于研发要素流动的视角［J］. 财政研究，2020（1）：45-58.

［80］曹允春，王尹君. 科技服务业集聚对科技创新的非线性影响研究：基

于门槛特征和空间溢出视角 [J]. 华东经济管理, 2020, 34 (10): 31-39.

[81] 常静. 重视"需求面"创新政策, 完善新时期创新政策体系 [C]. 第七届中国科技政策与管理学术年会, 2011.

[82] 陈劲, 王飞绒. 创新政策: 多国比较和发展框架 [M]. 杭州: 浙江大学出版社, 2005.

[83] 陈如洁, 张鹏, 杨艳君. 科技服务业发展水平对制造业升级影响的区域差异: 基于劳动生产率的视角 [J]. 中国科技论坛, 2019 (7): 96-106.

[84] 陈晓红, 宋洋. 区域创新系统中知识吸收能力的评价及比较研究 [J]. 科技进步与对策, 2011, 28 (1): 108-112.

[85] 陈智远. 贸易与增长经验研究 [J]. 世界经济文汇, 2001 (5): 46-51.

[86] 程聪, 贾良定. 我国企业跨国并购驱动机制研究: 基于清晰集的定性比较分析 [J]. 南开管理评论, 2016, 19 (6): 113-121.

[87] 程中华, 刘军. 产业集聚、空间溢出与制造业创新: 基于中国城市数据的空间计量分析 [J]. 山西财经大学学报, 2015, 37 (4): 34-44.

[88] 党晶晶, 王艳, 孙斌. 区域创新环境评价指标体系构建与实证 [J]. 统计与决策, 2018, 34 (18): 66-69.

[89] 杜运周, 贾良定. 组态视角与定性比较分析 (QCA): 管理学研究的一条新道路 [J]. 管理世界, 2017 (6): 155-167.

[90] 方希桦, 包群, 赖明勇. 国际技术溢出: 基于进口传导机制的实证研究 [J]. 中国软科学, 2004 (7): 58-64.

[91] 方远平, 谢蔓. 创新要素的空间分布及其对区域创新产出的影响: 基于中国省域的 ESDA-GWR 分析 [J]. 经济地理, 2012, 32 (9): 8-14.

[92] 冯根福, 刘志勇, 蒋文定. 我国东中西部地区间工业产业转移的趋势、特征及形成原因分析 [J]. 当代经济科学, 2010, 32 (2): 1-10.

［93］冯南平，魏芬芬．创新要素区域流动的影响因素及其时间差异分析［J］．中国科技论坛，2017（2）：114-120.

［94］盖文启．论区域经济发展与区域创新环境［J］．学术研究，2002（1）：60-63.

［95］国家统计局．国民经济行业分类（GB/T 4754—2017）［EB/OL］．［2017-09-29］. http://www.stats.gov.cn/tjsj/tjbz/hyflbz/201710/t20171012_1541679.html.

［96］韩坚，费婷怡，吴胜男，等．产业集聚、空间效应与区域创新研究［J］．财政研究，2017（8）：90-100.

［97］韩先锋，宋文飞，李勃昕．互联网能成为中国区域创新效率提升的新动能吗［J］．中国工业经济，2019（7）：119-136.

［98］郝大江，张荣．要素禀赋、集聚效应与经济增长动力转换［J］．经济学家，2018（1）：41-49.

［99］黄鲁成，王小丽，吴菲菲，等．国外创新政策研究现状与趋势分析［J］．科学学研究，2018，36（7）：1284-1293.

［100］霍春辉，杨锐．集聚外部性对产业创新绩效的影响［J］．经济管理，2016，38（3）：20-32.

［101］贾春光，程钧谟，谭晓宇，等．山东省高技术产业科技创新竞争力实证分析［J］．山东理工大学学报（自然科学版），2020，34（1）：52-57.

［102］赖永剑．集聚、空间动态外部性与企业创新绩效：基于中国制造业企业面板数据［J］．产业经济研究，2012（2）：9-17.

［103］赖永剑．贸易开放对区域创新能力的动态非线性影响：基于面板平滑转换回归模型［J］．软科学，2015，29（5）：50-54.

［104］兰海霞，赵雪雁．中国区域创新效率的时空演变及创新环境影响因素［J］．经济地理，2020，40（2）：97-107.

［105］李婧，产海兰．空间相关视角下 R&D 人员流动对区域创新绩效的影响［J］．管理学报，2018，15（3）：399-409.

［106］李苗苗，肖洪钧，李海波．区域开放程度与企业技术创新能力的关系研究：基于有向无环图的实证分析［J］．运筹与管理，2016，25（6）：266-273.

［107］李平，姜丽．贸易自由化、中间品进口与中国技术创新：1998—2012 年省级面板数据的实证研究［J］．国际贸易问题，2015（7）：3-11+96.

［108］李庆东．产业创新系统协同演化理论与绩效评价方法研究［D］．长春：吉林大学，2008.

［109］李腾，张钟元．工业企业产品创新效率与区域经济增长：基于省级面板数据分析［J］．三峡大学学报（人文社会科学版），2019，41（5）：83-88.

［110］李小平，朱钟棣．国际贸易的技术溢出门槛效应：基于中国各地区面板数据的分析［J］．统计研究，2004（10）：27-32.

［111］李艳婷．区域创新环境的空间分异及其对创新效率的影响研究［D］．厦门：集美大学，2020.

［112］梁宇．黑龙江省技术创新体系研究［D］．哈尔滨：哈尔滨工程大学，2012.

［113］刘备，王林辉．创新要素空间流动对区域创新能力的影响：外地吸引与本地依赖［J］．求是学刊，2020，47（5）：66-75.

［114］刘兵，张荣展，梁林．创新要素集聚对区域协同创新的影响：政府控制的调节作用［J］．技术经济，2019，38（12）：60-66.

［115］刘冠辰，乔志林，陈晨．贸易开放、收入差距与区域创新能力［J］．经济问题探索，2021（7）：165-176.

［116］刘和东．国内市场规模与创新要素集聚的虹吸效应研究［J］．科学

学与科学技术管理, 2013, 34 (7): 104-112.

[117] 刘军, 李廉水, 王忠. 产业聚集对区域创新能力的影响及其行业差异 [J]. 科研管理, 2010, 31 (6): 191-198.

[118] 刘军跃, 王敏, 李军锋, 等. 生产性服务业集聚研究综述 [J]. 重庆理工大学学报 (社会科学), 2014, 28 (7): 34-39.

[119] 刘晓鹏. 我国进出口与经济增长的实证分析: 从增长率看外贸对经济增长的促进作用 [J]. 当代经济科学, 2001 (3): 43-48.

[120] 刘修岩, 王璐. 集聚经济与企业创新: 基于中国制造业企业面板数据的实证研究 [J]. 产业经济评论, 2013, 12 (3): 35-53.

[121] 龙小宁, 朱艳丽, 蔡伟贤, 等. 基于空间计量模型的中国县级政府间税收竞争的实证分析 [J]. 经济研究, 2014, 49 (8): 41-53.

[122] 吕承超. 中国高技术产业专业化比多样化更有利于区域产业创新吗? [J]. 研究与发展管理, 2016, 28 (6): 27-37.

[123] 马茹. 社会资本对中国区域创新的影响分析: 基于空间知识溢出视角 [J]. 软科学, 2017, 31 (2): 29-32.

[124] 马歇尔. 经济学原理 (上册) [M]. 北京: 商务印书馆, 1964.

[125] 毛其淋. 进口贸易对我国技术创新能力提升的影响效应: 基于动态面板数据 GMM 方法的经验分析 [J]. 财经科学, 2010 (4): 94-101.

[126] 潘雅茹, 罗良文. 基础设施投资对区域创新效率的异质性影响研究 [J]. 贵州社会科学, 2019 (4): 145-153.

[127] 彭向, 蒋传海. 产业集聚、知识溢出与地区创新: 基于中国工业行业的实证检验 [J]. 经济学 (季刊), 2011, 10 (3): 913-934.

[128] 齐亚伟. 区域创新环境对三大创新主体创新效率的影响比较研究 [J]. 科技进步与对策, 2015, 32 (14): 41-46.

[129] 钱学锋, 王菊蓉, 黄云湖, 等. 出口与中国工业企业的生产率: 自我

选择效应还是出口学习效应？［J］．数量经济技术经济研究，2011，28（2）：37-51.

［130］强健，梅强．产业集聚与创新的互动关系及实证研究［J］．科技管理研究，2010，30（10）：6-7.

［131］仇保兴．发展小企业集群要避免的陷阱：过度竞争所致的"柠檬市场"［J］．北京大学学报（哲学社会科学版），1999（1）：25-29.

［132］曲晨瑶，李廉水，程中华．高技术产业聚集对技术创新效率的影响及区域差异［J］．科技管理研究，2017，37（11）：98-104.

［133］任强，管棕菀，秦轩．区域创新系统指标体系的构建［J］．广西质量监督导报，2019（11）：228-230.

［134］邵汉华，钟琪．研发要素空间流动与区域协同创新效率［J］．软科学，2018，32（11）：120-123+129.

［135］沈俊鑫，李爽，张经阳．大数据产业发展能力影响因素研究：基于 fsQCA 方法［J］．科技管理研究，2019，39（7）：140-147.

［136］沈玉芳，张超．加入 WTO 后我国地区产业调控机制和模式的转型研究：兼论区域产业群落理论和地域生产综合体理论的替代关系［J］．世界地理研究，2002（1）：15-23.

［137］施晓丽，程千驹，蒋林林．科技服务业推动福建创新驱动发展的对策研究［J］．集美大学学报（哲社版），2021，24（3）：27-38.

［138］施晓丽，蒋林林．区域创新环境的综合评价及对创新效率的影响分析［J］．开发研究，2021（3）：15-22.

［139］施晓丽，李艳婷．高技术产业集聚对区域技术创新能力的影响研究：基于长江经济带的考察［J］．重庆理工大学学报（社会科学），2019（7）：46-54.

［140］施晓丽，林晓健．产业转移对区域创新的影响分析：基于中国制

造业的实证研究 [J]. 河北学刊, 2021 (7): 155-163.

[141] 施晓丽, 徐鹏程. 福建省区域创新能力的综合评价 [J]. 发展研究, 2017 (9): 44-49.

[142] 施晓丽. 区域间知识溢出及其对经济增长的影响研究 [M]. 北京: 经济科学出版社, 2013.

[143] 史修松. 我国高技术产业分布、区域创新及相关性分析 [J]. 科学学与科学技术管理, 2008 (9): 114-118.

[144] 寿涌毅, 孙宇. 集群企业创新来源、技术能力及创新绩效关系研究 [J]. 管理工程学报, 2009, 23 (S1): 59-64.

[145] 陶长琪, 齐亚伟. FDI 溢出、吸收能力与东道国 IT 产业的发展 [J]. 管理科学, 2010, 23 (4): 112-121.

[146] 滕堂伟, 方文婷. 新长三角城市群创新空间格局演化与机理 [J]. 经济地理, 2017, 37 (4): 66-75.

[147] 田颖, 田增瑞, 韩阳, 等. 国家创新型产业集群建立是否促进区域创新? [J]. 科学学研究, 2019, 37 (5): 817-825.

[148] 万勇, 文豪. 中国区域创新能力的评价指标体系研究 [J]. 中南大学学报 (社会科学版), 2009, 15 (5): 643-646.

[149] 王崇锋. 知识溢出对区域创新效率的调节机制 [J]. 中国人口·资源与环境, 2015, 25 (7): 77-83.

[150] 王缉慈. 地方产业群战略 [J]. 中国工业经济, 2002 (3): 47-54.

[151] 王缉慈. 知识创新和区域创新环境 [J]. 经济地理, 1999 (1): 12-16.

[152] 王钺, 刘秉镰. 创新要素的流动为何如此重要?: 基于全要素生产率的视角 [J]. 中国软科学, 2017 (8): 91-101.

[153] 魏守华. 国家创新能力的影响因素: 兼评近期中国创新能力演变的

特征 [J]. 南京大学学报（哲学·人文科学·社会科学版），2008，4（3）：30-36.

[154] 温珂，苏宏宇，周华东. 科研机构协同创新能力研究：基于中国101家公立研究院所的实证分析 [J]. 科学学研究，2014，32（7）：1081-1089.

[155] 巫强，刘志彪. 中国沿海地区出口奇迹的发生机制分析 [J]. 经济研究，2009，44（6）：83-93.

[156] 吴标兵，许为民，许和隆，等. 大数据背景下科技服务业发展策略研究 [J]. 科技管理研究，2015，35（10）：104-109.

[157] 吴福象，沈浩平. 新型城镇化、创新要素空间集聚与城市群产业发展 [J]. 中南财经政法大学学报，2013（4）：36-42.

[158] 吴敏. 基于三螺旋模型理论的区域创新系统研究 [J]. 中国科技论坛，2006（1）：36-40.

[159] 吴卫红，董姗，张爱美，等. 创新要素集聚对区域创新绩效的溢出效应研究：基于门槛值的分析 [J]. 科技管理研究，2020，40（5）：6-14.

[160] 吴卫红，杨婷，张爱美. 高校创新要素集聚对区域创新效率的溢出效应 [J]. 科技进步与对策，2018，35（11）：46-51.

[161] 吴延兵. R&D 存量、知识函数与生产效率 [J]. 经济学（季刊），2006，5（4）：1129-1156.

[162] 伍蓓，陈劲，王姗姗. 科学、技术、创新政策的涵义界定与比较研究 [J]. 科学学与科学技术管理，2007（10）：68-74.

[163] 裴著燕，史会斌. 地方综合科研机构在区域创新体系中的定位及作用研究 [A]//第五届中国科技政策与管理学术年会暨研究会理事会论文集 [C]. 2009.

[164] 谢臻，卜伟. 科技服务业集聚、地区创新能力与经济增长：以北京市为例 [J]. 北京社会科学，2018（6）：108-118.

［165］许红丹．基于序参量的区域创新系统协同度测量模型研究［D］．沈阳：沈阳工业大学，2018．

［166］许婷婷，吴和成．基于因子分析的江苏省区域创新环境评价与分析［J］．科技进步与对策，2013，30（4）：124-128．

［167］闫实，张鹏．中国沿海省域海洋科技创新效率空间格局及空间效应研究［J］．山东大学学报（哲学社会科学版），2019（6）：143-150．

［168］杨明海，张丹丹，苏志文．我国区域创新环境评价的实证研究：基于省级面板数据［J］．山东财经大学学报，2018，30（1）：74-84．

［169］姚敏，许红．中国高新技术产业集聚的形成机理及实证［J］．统计与决策，2008（1）：105-107．

［170］叶丹，黄庆华．区域创新环境对高技术产业创新效率的影响研究：基于DEA-Malmquist方法［J］．宏观经济研究，2017（8）：132-140．

［171］尹高磊，谭宗颖，王雪．国家层面创新能力的评价［J］．科技导报，2019，37（14）：11-17．

［172］于文超，高昊．各省份高校科研创新效率评价［J］．合作经济与科技，2019（19）：139-141．

［173］余泳泽．创新要素集聚、政府支持与科技创新效率：基于省域数据的空间面板计量分析［J］．经济评论，2011（2）：93-101．

［174］俞立平．区域创新政策评价的框架、测度与检验［J］．地理科学，2020，40（10）：1610-1617．

［175］俞彤晖．科技服务业集聚、地区劳动生产率与城乡收入差距［J］．华东经济管理，2018，32（10）：114-120．

［176］袁传思．新型研发机构在产业技术联盟中的主体作用［J］．科技管理研究，2016，36（9）：112-115．

［177］原嫄，李国平，孙铁山，等．中国制造业各行业大类的区域转移

特征与聚类研究［J］. 经济地理, 2015, 35（10）: 94-102.

［178］张慧颖, 吴红翠. 基于创新过程的区域创新系统协调发展的比较研究: 兼析天津市区域创新复合系统协调性［J］. 情报杂志, 2011, 30（8）: 12-16.

［179］张杰, 郑文平. 全球价值链下中国本土企业的创新效应［J］. 经济研究, 2017, 52（3）: 151-165.

［180］张炜, 费小燕, 方辉. 区域创新政策多维度评价指标体系设计与构建［J］. 科技进步与对策, 2016, 33（1）: 142-147.

［181］张昕, 李廉水. 制造业聚集、知识溢出与区域创新绩效: 以我国医药、电子及通信设备制造业为例的实证研究［J］. 数量经济技术经济研究, 2007（8）: 35-43+89.

［182］张馨之, 龙志和. 中国区域经济发展水平的探索性空间数据分析［J］. 宁夏大学学报（人文社会科学版）, 2006（6）: 106-109.

［183］张莹, 张宗益. 区域创新环境对创新绩效影响的实证研究: 以重庆市为例［J］. 科技管理研究, 2009, 29（2）: 104-106.

［184］张营营, 高煜. 创新要素流动能否促进地区制造业结构优化: 理论解析与实证检验［J］. 现代财经（天津财经大学学报）, 2019, 39（6）: 98-113.

［185］张月玲, 吴涵, 叶阿忠. 要素集聚及外溢对中国经济发展效率的影响［J］. 软科学, 2016（30）: 24-29.

［186］张振刚, 李云健, 陈志明. 科技服务业对区域创新能力提升的影响: 基于珠三角地区的实证研究［J］. 中国科技论坛, 2013（12）: 45-51.

［187］张治河, 冯陈澄, 李斌, 等. 科技投入对国家创新能力的提升机制研究［J］. 科研管理, 2014, 35（4）: 149-160.

［188］赵立雨, 任静. R&D创新活动中知识共享的四螺旋模型研究［J］.

图书情报工作，2010，54（22）：66-69.

［189］赵文，李月娇，赵会会．政府研发补贴有助于企业创新效率提升吗?：基于模糊集定性比较分析（fsQCA）的研究［J］．研究与发展管理，2020，32（2）：37-47.

［190］赵勇，白永秀．知识溢出：一个文献综述［J］．经济研究，2009，44（1）：144-156.

［191］中国科技发展战略研究小组，中国科学院大学中国创新创业管理研究中心．中国区域创新能力评价报告 2016/2019［M］．北京：科学技术文献出版社，2016/2019.

［192］中华人民共和国科学技术部．中国区域创新能力监测报告 2019［M］．北京：科学技术文献出版社，2019.

［193］仲伟周，陈晨．贸易开放、人力资本门限与区域创新发展：基于省级面板数据的实证研究［J］．经济问题探索，2018（2）：58-66.

［194］周明，李宗植．中国省际高技术产业技术创新能力分析：基于产业集聚的视角［J］．科学学研究，2008，26（S2）：518-524.

［195］周阳敏，楚应敬．制度溢出、协同创新与创新产出［J］．统计与决策，2021（11）：121-124.

［196］周永红，张子刚，刘开军．技术能力成长对企业技术创新的"双刃"影响［J］．科学学研究，2006（2）：305-310.

［197］朱文涛，顾乃华．科技服务业集聚是否促进了地区创新：本地效应与省际影响［J］．中国科技论坛，2017（11）：83-92.

［198］朱永凤，王子龙，张志雯，等．"一带一路"沿线国家创新能力的空间溢出效应［J］．中国科技论坛，2019（5）：171-180.

［199］朱泽钢．省级区域创新环境与政府研发资助的激励效应：基于门槛回归模型的研究［J］．兰州财经大学学报，2018，34（6）：109-116.

［200］卓乘风，艾麦提江·阿布都哈力克，白洋，等. 创新要素集聚对区域创新绩效的非线性边际效应演化分析［J］. 统计与信息论坛，2017，32（10）：84-90.

［201］邹文杰. 研发要素集聚、投入强度与研发效率：基于空间异质性的视角［J］. 科学学研究，2015，33（3）：390-397.

［202］左志刚. 金融结构与国家创新能力提升：影响机理与经验证据［J］. 财经研究，2012，38（6）：48-58.